JN439505

이범찬 수필집

어차피 가는 길을

어차피 가는 길을

이범찬 수필집

1판 1쇄 인쇄/ 2014년 9월 1일
1판 1쇄 발행/ 2014년 9월 5일

지은이 / 이 범 찬
펴낸이 / 우 희 정
펴낸곳 / 도서출판 소소리

등록 / 제300-2007-21호
주소 110-521 서울 종로구 명륜동 1가 33-90
경주이씨 중앙회빌딩 302-1호
전화 / 765-5663, 766-5663(Fax)
e-mail: sosori39@hanmail.net
www.sosori.net

값 10,000 원

*잘못된 책은 바꿔드립니다.

ISBN 978-89-97294-74-9 03810

어차피 가는 길을

이범찬 수필집

소소리

일그러진 자화상

언젠가 시화전을 보러 갔다. 문인들이 자기 얼굴을 그렸다. 나도 한 번 그려보려 했다. 그러나 그림을 배운 적이 없어 정물화나 사생화도 아니고 자신의 얼굴을 그리기란 참으로 어려웠다.

일찌감치 포기하고 글로나 내 모습을 그려보기로 했다. 밖으로 보이는 것, 안으로 숨어들어 내놓기에도 부끄러운 내 삶의 조각들을 모으면 일그러진 모습이나마 엉성하게 엮어지지 않을까 생각했다.

그나마 시간이 없다. 서녘 하늘은 붉어 가는데 갈 길은 구만리라. 특히 금년 같아서는 나날이 힘마저 부쳐 조급해지기만 한다. 급한 마음에 몇 편 안되는 글들을 숙성도 되기 전에 내어 놓는다.

이곳저곳 기웃거리며 겪은 일들, 그 길 위에서 만난 사람들의 처지를 넉넉하게 배려하지 못한 아쉬움, 마음을 비운다며 훌훌 털어내지 못한 옹졸함, 끝내는 고향을 찾아들어 들풀과 벗하다 그 품에 안길 것이라는 뻔한 이치까지 새삼 뉘우치고 있다.

솜씨 없는 자화상이지만 그때마다 옆에서 지켜보며 함께 웃어주신 분들의 애정과 정성이 있었기에 여기까지 달려왔다. 언제쯤 좀 더 진솔한 제 모습을 그려낼지 걱정만 앞선다. 신발 끈을 다시 조인다.

2014년 중추절에

이 범 찬

▷ 차 례

1. 낯선 땅을 찾아

2. 배려를 하고

3. 마음 비우며

4. 자연의 품으로

1.
낯선 땅을 찾아

산 넘고 물 건너며 홀로 걷던 나그네길
검붉은 서녘 하늘 갈 길은 구만리라
돌아설 고향이 있어 발걸음은 가벼워.

사비의 꿈

전쟁이 휩쓸고 간 폐허에서 대학이라고 다녔으니 그 흔한 동아리모임도 동창회 활동도 모르고 반백년이 지났다. 숨 가쁜 세월들을 거의 보내고서야 정기적인 오찬모임을 하기 시작했다. 오늘의 부여 방문도 동기생들이 처음으로 떠나는 단체나들이였다. 팔순을 넘긴 노인들이니 참가율이 궁금하기도 했다. 300명 입학정원에 겨우 6퍼센트가 나왔으나 버스 안은 도리어 푸근하기만 했다.

30여 년 전에 올랐던 부소산은 크게 달라진 것이 없건만 그 산자락에는 1,400년 전 백제의 숨결이 되살아나 감회가 새삼스럽다. 백제문화단지가 그 화려한 모습을 잘도 드러내고 있으니.

100만 평에 이르는 넓은 터에 지난날의 역사와 문화를 생생하게 되살려낸 대역사(役事)의 현장이다. 사비시대의 왕궁인 사비궁(泗沘宮), 능산리 절터에 있던 사찰을 재현한 능사(陵寺)를 비롯해서, 시조 온조가 건설한 위례성, 백제고분의 특색을 살린 고분공원이며, 사비성 내에서 귀족들의 저택이나 서민들의 초가 등 백제인들의 생활풍습을 엿볼 수 있는 생활문화마을을 둘러보았다. 오랜 세월 망각 속에 잦아들었던 그때의 기상과 찬란한 고유문화의 정수를 온몸으로 느꼈다.

먼저 역사문화관을 둘러보고 나와 2층으로 위엄을 갖춘 정양문(正陽門)을 들어서니 넓은 뜰이 훤하다. 정면에 웅장한 사비궁이 버티고 있다. 우리는 그 정문인 천정문과 긴 회랑의 앞을 지나 오른편에 배치한 능사부터 보기로 했다. 능사와 그 앞뜰의 노송을 배경으로 단체사진부터 찍는다. 알고 보니 그 나무는 조남욱 동문이 백제왕궁 건립을 기념하여 심은 것이라 하지 않는가.

그가 국회의원 시절에 찬란했던 백제문화를 재조명코자 공주, 부여, 익산 지역을 백제문화권 특정지역으로 지정하여 종합개발토록 하였으며, 그 일환으로 백제문화단지도 발의부터 시공까지 주도했단다.

물려받은 삼부토건(건설면허 1호)의 자부심과 명예를 걸고, 13년간 혼신의 힘을 기울여 완벽히 준공을 해냈다. 대원군의 경복궁 복원 이래 최대 규모의 문화재급 고건축 공사였다니, 그 얼마나 보람차고 자랑스러운 쾌거였던가. 고향을 위해, 또 국가의 백년대계를 위해 물심양면으로 올인 한 셈이다. 본인은 참석치 못했지만 늠름한 저 솔이 대신 우리를 반겨주는 듯싶어 마음속으로 깊은 감사와 칭송의 갈채를 보냈다.

왕이 제사를 지내며 능(陵)을 수호했다는 능사(陵寺)는 백제 건축양식을 고스란히 물려받은 일본의 호류지(法隆寺)를 거울 삼아 복원했다고 한다.

어느 절이건 대웅전에 시선이 끌리기 마련이다. 그런데 능사에 들면 대웅전(금당)보다도 그 앞에 치솟아 하늘이라도 밝히려는 듯 빛나는 황금빛 첨탑에 한결 눈이 쏠린다. 높이 38m에 이르는 5층 목탑이다. 쇠못 하나 박지 않고 나무로만 깎아 짜 맞추기만 했어도 저리 반듯하고 웅장할까싶어 저절로 찬탄이 나온다.

사비궁은 중앙의 천정전(天政殿)과 동쪽의 문사전(文思殿), 서쪽의 무덕전(武德殿) 등 14개 동을 긴 회랑으로 둘러싼,

4,492㎡ 넓이의 궁궐이다. 천정전은 왕이 정무를 보고, 신년하례식, 외국사신 접견 등 국가 및 왕실의 중요 행사를 할 때 사용하는 공간이다.

높이 19m, 넓이 337㎡의 규모이니 그 옛날에는 얼마나 웅장하고 화려했을까 짐작이 된다. 그러나 '검소하지만 누추하지 않고(儉而不陋) 화려하지만 사치스럽지 않게(華而不侈)'라는 백제문화의 특징을 구석구석에서 엿볼 수 있다. 어찌 그뿐일까, 지붕의 치미(鴟尾)가 힘차다. 큰 건물의 위엄을 보이기도 하지만, 날갯짓하는 모습에 부드러운 곡선과 강직한 직선만을 사용하면서 저리도 아름답게…, 마치 하늘로 날아오르는 듯하다. 백제인의 섬세하고 빼어난 미적 감각이 새삼 놀랍기만 하다.

사비궁을 나와 발걸음을 옮긴다. 아마도 왕궁의 후원이었을 부소산은 오르는 길이 별반 가파르지 않다. 많은 유적지가 있으나 시간에 쫓겨 오늘은 1시간의 답사 길만 밟는다.

서쪽 봉우리에 놓인 사자루도 바라만 보고 지나 낙화암으로 내려선다. 낙화암의 전망대나 그 꼭대기의 바위 위에 세운 백화정(百花亭)에서 굽이도는 물줄기를 내려다보는 백마강의 풍광은 더없이 아름답다. 가슴이 뚫리는 듯 마냥 시원하고 즐겁기만 하다. 숨차게 올라온 보람을 만끽한다.

절벽 길을 타고 숨죽이며 내려간다. 고란사를 지나 강가의 나루터에 이르니 때마침 황포돛배가 올라온다. 나른해진 몸을 배에 싣고 올려다보니 낙화암은 또 다른 얼굴을 보여주지 않는가.

치마를 쓰고 몸을 날렸다는 3천 궁녀의 전설이 가슴 아리게 다가온다. 쫓기고 밀려 이곳 백마강변에 터를 잡고 그렇게도 화려한 문화의 꽃을 피웠건만 싸움에 지니 만사휴의(萬事休矣)였던가. 절경의 저 낙화암이 비운의 상징물로 비치다니….

백마강 굽이돌아 절벽은 천야만야
찬 서리 치마폭에 사비 꿈은 휘날려
언제나 다시 뵈올까 애달픈 임의 넋은.

흐르는 가을 물결은 말이 없다. 부질없는 온갖 생각이 꼬리를 이어 문다. 의자왕이 좀 더 현명하여 국방에 힘을 기울였더라면…. 계백장군이 황산벌 싸움에서 이겼더라면….

어리석은 자는 과거를 잊고, 역사의 교훈을 외면한다. 열강의 틈바구니에서 반도의 반쪽에 자리하고도 모자라, 다시 삼국시대로 천여 년을 거슬러 오르자는 셈인가. 요동치는 오늘의 상황이 백여 년 전과 비슷하다고 하면 나만의 기우일까. 월남의 역사는 남의 나라 일이기만 하랴. 아니, 불과 60년 전의 내 아픔마저도 까맣게 잊어버리고 만단 말인가.

배에서 버스로 옮겨 탔건만 돌아오는 길엔 착잡한 느낌을 도통 지울 수가 없다. 기쁨 반 우수 반의 나들이였다.

외딴섬의 환생

몇 차례 미루다가 한 해의 꼬리를 감출 무렵에야 간신히 떠나게 된 나들이. 수없이 일본을 드나들었지만 시코쿠(四國)는 처음이다. 그 어느 때보다도 마음이 달뜬다. 외진 섬의 미술관을 보러 간다니 몇 점이나 모아 놓았을까 참으로 궁금했다.

시코쿠가 일본 열도 중에 네 번째로 큰 섬이기는 하나 외로운 섬이다. 소문난 명품 도시나 온천장이 있는 것도 아니니 찾는 이도 드물 수밖에 없다. 한때는 '죽음의 나라(시코쿠, 死國)'라고도 불렸다니 그 얼마나 서러웠을까. 게다가 나오시마(直島)는 그 시코쿠가 거느리는 수천여 개 섬 중에서도 둘레가 겨우 16킬로 밖에 되지 않는 작은 놈이다.

다카마쓰(高松) 국제공항에서 리무진 버스로 사십 분이면 시내에 닿는다. 가가와현(香川縣)이 틀림이 없는데, 웬걸 거리엔 우동현(うどん縣) 방문을 환영한다는 문구가 붙었다. 이삼 년 전에 어느 배우의 제안에 따라 가가와현 관광협회가 이곳의 명물인 사누기(讃岐)우동을 상징 상품으로 홍보하기 위해 붙인 통칭이라지 않은가. 일본에서 제일 작은 현이니 역사나 문화와 자연을 관광자원으로 엮어서 살 길을 찾으려는 치열한 생존 전략인 셈이다. 현명한 발상이랄까, 손바닥만한 나오시마를 세계적 명소로 개발한 것도 바로 같은 맥락이라 하겠다.

아침 일찍 우리가 탄 배는 다카마쓰항을 떠난 지 오십 분만에 나오시마의 관문 미야노우라(宮浦) 포구에 가 닿았다. 선착장 옆 넓은 잔디밭의 큰 호박이 눈길을 끈다. 속이 텅 비어 수십 명쯤은 들어갈 수도 있는 넓직한 철제의 시설물이다. 햇볕에 반짝이는 빨간 색채가 왠지 유난히 우릴 유혹한다. 단순히 호박의 이미지만을 풍길 뿐 특별한 쓸모가 있는 것도 아니고 별로 아름답지도 않은 이 괴물이 작품이라니…. 현대미의 특성이 바로 이런 설치미술에 있음을 이 섬 한 바퀴를 다 둘러보고 나서야 깨달았다.

이 작은 섬에 이름난 미술관만 세 개나 있다. 베네세하우스는 호텔을 겸한 미술관인데 건축물 그 자체가 작품이다. 뜰 앞에 벌어진 해변은 갖가지 미술품들을 설치한 전시장이기도 하다. 바닷물을 가르고 들어가 노랑 호박도 하나 띄워 놓았으니 미술에 크게 밝지 않은 나로서는 작가의 그 마음을 헤아릴 수가 없다.

베네세하우스에 짐을 풀고 바로 순환버스로 이우환(李禹煥) 미술관 앞으로 갔다. 움푹 파인 골짝에는 무표정한 회벽과 우뚝 솟은 '기둥' 작품뿐이다. 그 앞으로 커다란 둥근 바위덩이가 놓여 있다. 넓은 마당을 지나 겹겹이 세운 콘크리트 벽을 따라 간다. 반지하구조의 건축물 안의 크고 작은 공간으로 들어간다. '만남의 곳', '침묵의 곳', '명상의 곳', '그림자의 곳'이란 방이다. 벽에 걸린 큰 작품이나 한가운데 놓인 돌덩이, 역시 내 눈에는 그저 낯설기만 한 고차원의 예술이다.

산꼭대기에 세운 지중(地中)미술관은 더 특이하다. 하늘에서 보면 빛을 끌어들이는 창 몇 개만 보일 따름이다. 동굴에라도 들어가는 듯 입구만 있을 뿐 모두가 흙 속에 묻혀 밖에서 보면 산등성에 다름 아니다. 매표소에서 미술관까지 오솔길을 따라 한참 올라간다. 길가에는 모네가 그렸던 연못을 만들고 그림에 나오는 수련이나 꽃들을 그대로 심어 놓았다. 내 눈으로 즐길 수 있는 설치미술은 이런 것뿐인 듯싶다.

실내로 들어서니 놀랍게도 모네의 대작(2m×6m), '수련의 못'이 거기 넓은 벽을 차지하고 있지 않은가. 바닥은 2센치의 각진 대리석으로 깔았고, 스며드는 햇빛으로 실내의 분위기를 은은하게 연출한다. 안팎에서 본 모네의 연못만으로도 관람료는 본전을 뽑았다고 자위했다.

다음날 아침 일찍 이 섬의 중심마을(혼무라, 本村)을 둘러본다. 이곳도 우리네와 별반 다를 바 없어 노인들만 남고 집은 낡아 허물어지니 작은 포구 마을은 날로 활기를 잃어갔다. 그런데 뜻있는 건축가와 미술가들이 몇 해 전에 '집 프로젝트'를 창안해서 마을을 살려내고 섬 전체를 미술의 낙원으로 바꿔놓았다. 역사와 미술과 자연을 융합하여 젊은이가 찾아들고 노인들의 얼굴에 웃음꽃이 피어나도록 '낙도의 환생'을 실현한 셈이다.

골목을 일일이 뒤진다. 소금을 모아 배로 실어 보내던 옛집은 개조하여 그 외벽은 불로 그슬린 널빤지로 씌웠다. 염분에 강한 전통 건축 방식을 되살려 낸 작품이다. 또 옛날 치과의사가 살던 폐가는 낡은 흙벽과 아이들의 낙서까지 그대로 살렸고, 겉에는 녹 쓴 양철쪼가리, 부스러진 널빤지 따위를 더덕더덕 붙였다. 우리나라 각설이패들의 누더기옷보다도 더 혼란스럽고 이상하기만한데 그도 예술이란 이름을 얻었다.

'미나미데라(南寺)'란 작품은 더 괴상하다. 절집은 흔적도 없고 옛터에 불로 끄슬린 삼나무 널빤지로 신축한 건물인데, 안내자를 따라 깜깜한 실내로 서로 손을 잡고 들어가 십여 분 참고 있으려니 앞면에 희미한 스크린이 보이기 시작한다. 어둠에의 적응과 광선의 작용에다 나름대로의 의미를 부여하며 아주 귀한 체험이라나…. '고오진자(護王神社)'는 원주민들이 받들던 진자의 원형을 만들어 놓고 빛이 들어오는 계단으로 지하의 석실과 연결을 해놓았다. 석실에서 밖으로 나오면 시원한 바다를 발 아래로 바라다볼 수 있다. 토속신앙과 관습을 자연의 아름다운 풍광 속에 잇대어 현대적 감각으로 되살린 작품이란다.

돌아올 때 부두마을에서 목욕을 하자는 의견도 있었으나, 온천도 아닌 공중탕엘 가다니 번거롭기만 하다고 포기했다. 후에 알고 보니 'I ♡ 湯'란 작품이 아닌가. 어른들과 아이들이 어울려 애용하던 동리 목욕탕(센또, 錢湯)에 얽힌 기억들을 살린 작품이란다. 춘화벽화에 코끼리상도 있고 상상을 초월하는 작품들을 만날 수 있는 모양인데 이미 떠나왔으니 아쉬움으로 남는다.

현대미술가들의 반짝이는 아이디어와 역사가 잠겨있는 자

연환경을 낙원으로 살려내자는 건축가들의 뜻이 합쳐져 이런 성공을 거두고 있다. 세도(瀨戶)내해의 외진 섬이지만 몇 해 사이에 세계적으로 이름난 현대미술의 성지로 탈바꿈한다고 한다.

다카마쓰항 부두에 내리니 '2013 瀨戶內海國際藝術祭'의 현수막이 바람에 펄럭이고 있다. 저 축제가 끝나면 또 얼마나 기상천외의 작품들이 이곳 섬에 설치되어 우릴 다시 부풀게 할까.

붉은 잎은 철책을 넘어

해마다 떠나는 연례행사이건만 또 잠을 설치고 말았다. 상장회사협의회의 13차 합동수련회에 참석하기 위해 서둘러 잠실역으로 나갔다. 갑자기 기온이 떨어지며 설악산의 단풍 소식이 전해오니 중부 내륙의 탐방이 제철을 맞춘 성싶다.

동화 속의 공화국

양구로 가는 길에 남이섬을 들러보기로 했다. 남이섬은 벌써 몇 번이나 놀러간 적도 있어 흥미는 별로 없었다. 그런데 물안개가 산을 감싸고 올라가는 이른 아침의 풍광은 다른 곳에서는 쉽게 보기 어려운 한 폭의 산수화가 아닌가. 더욱 놀라운 것은 이 이른 시각의 선착장 광경이다.

배도 옛날의 작은 나룻배가 아니다. 선착장 앞은 몰려든 여객으로 북적인다. 자세히 보니 '나미나라공화국'의 출입국사무소 앞에서 입국수속을 밟느라 야단법석들이 아닌가. 단기여권은 1년 동안 자유롭게 무료로 입장할 수 있는 회원권이고, 국민여권은 일정한 자격자에게 국민인증서와 함께 수여되는 평생 무료입장 회원권이며, 기타 일반손님이 구입하는 '입장권'은 일회용 비자란다.

십 년이면 강산도 변한다 했던가. 나미나라공화국의 독립을 선포한 지도 벌써 6년이라니…. 자연과 문화를 융합한 상상 속의 문화공화국을 창안하여 작은 반월형 모래밭섬을 완전히 바꿔 놓은 것이다. 발상의 전환이다.

우리는 배에서 내리자 바로 전기자동차로 섬을 일주하고 악기박물관을 비롯해 몇 군데 더 둘러보고 중앙의 메타세쿼이아 길을 걸었다. 가을의 정취만을 살짝 맛보고 시간에 쫓겨 나와야 했다. 노래박물관, 남이섬유리공방, 녹색기계체험공방, 남이섬환경학교 등 수십 개의 시설을 오밀조밀 만들어 문화관광의 길을 닦아놓은 것이 무척 인상적이다.

겨울연가의 욘사마(배용준)에 홀린 일본 아줌마들의 방문에서 비롯한 것이, 이젠 한류열풍을 타고 동남아와 중국의 관광객까지 몰려들어 연간 200만 명의 방문객 중 외국인이 30만 명이나 되는 아시아의 관광명소로 탈바꿈했다.

이 문화공화국을 착안한 분은 시각디자이너인 강우현 남이섬 대표이다. 전국 10개 자치단체장과 정부 관계자 등이 의기투합하여 '상상나라 국가연합'을 공동 선언하고 한국의 대표적 지역관광 브랜드의 연계망을 만드는 데까지 발전했다니 특색 있는 문화관광의 활성화가 기대된다.

펀치볼을 내려다보며

춘천의 명동 골목에서 닭갈비와 막국수로 배를 든든히 채우고 양구로 달려갔다. 천여 미터의 높은 산을 대형버스가 꼬불꼬불 기어오른다. 오를수록 골짝의 빛깔이 붉게 물들었다. 어느새 북녘의 빨간 잎들이 소리도 없이 저 높은 철책을 가뿐히 넘어온 모양이다. 만발한 억새꽃도 우리를 환영이라도 하는 듯 물결친다. 산등성이를 돌 때마다 모습이 달라지는 발아래 해안(亥安)분지가 펀치볼(punch bowl) 만큼이나 아름답다. 개성을 넘겨주고 이 고장을 차지한 것도 피로 얼룩진 남침전쟁의 아픈 상처이거늘, 아직도 서해의 북방한계선(NLL)

을 두고 땅따먹기 논쟁이 끝날 줄을 모르니…. 모두들 손잡고 이곳에 와서 땅굴과 철책이라도 둘러보고 싸움질을 했으면 싶다.

정상에 세운 을지전망대에 들어서면 철책으로 갈라놓은 골짝은 너무도 멀고, 금강의 봉우리들이 너무도 가까이 다가선다. 지척이 천리라더니, 반백년을 묶어놓은 금단의 땅이 여기 말고 또 언제 어디에 있었던가. 만감이 서린다. 전쟁의 참상을 눈으로만 즐기는 오늘의 전후세대는 꼭 한 번 와서 가슴으로 느껴보았으면 한다.

비경의 두타연 계곡

양구는 한반도의 정중앙에 해당한다. 넓은 인공습지 속에 한반도섬을 만들어 놓고, 물가에 KCP(Korea Center Point) 관광호텔까지 지어놓고 있었다. 우리는 그곳의 가운데 방에서 쏟아지는 별빛을 바라보며 가슴 설레는 밤을 지샜다. 날이 밝으면 '역사와 자연이 살아 숨 쉬는 곳'이라고 자랑하는 양구 제1경, 두타연(頭陀淵) 계곡으로 들어가니 말이다.

두타연 관광안내도 밑에는 "양구에 오시면 10년이 젊어집니다"라고 쓰여 있다. 그렇다면 꼭 한 번은 더 와야겠다고 속으로 다짐하며 두타연길을 들어선다.

두타연은 민통선 안에서 반세기를 잠자다 최근에야 개방이 된 비경이다. 군의 검문을 받고 단장의 능선을 왼쪽으로 바라보며 비포장도로를 10분쯤 달리면 주차장이 나온다. 옥빛 계곡물은 너무도 맑아 열목어의 최대서식지로 떠올랐다. 붉게 물든 풀숲은 찬탄을 자아내게 하는데, 한편 길가의 철조망에는 '지뢰'라는 붉은 표지가 붙어있어 긴장감마저 감돈다.

양쪽 절벽 사이로 쏟아지는 폭포수가 깊고 넓은 두타소(沼)를 이루고 있다. 그 절벽에 붙은 바위는 마주 바라보는 남녀의 얼굴 모습이다. 그래서 '뽀뽀바위'란 이름이 붙었는데 통일이 되면 그 입술도 붙을 것이라고 해설사는 익살을 떨어댄다.

폭포 위의 전망대를 거쳐 계곡을 건너면 물길을 따라 하류로 향한다. 출렁다리를 다시 건너니 '소지섭길'을 만나는데 조금만 걸어보고 되돌아 와야만 했다. 두고 온 오솔길이 못내 아쉽다.

장안사 앞 샘물 모여 두타사 찾아드니
폭포는 웅덩이로 어둠의 반백년을
열목어 제 세상 만나 옥수에 넘쳐나네.

비로봉 빨간 잎은 소리 없이 재를 넘고

골짝의 색동치마 녹슨 철망 휘감아서
두타소 찾는 이마다 큰 꿈 안고 돌아서네.

파로호를 거슬러

'초연(硝煙)이 쓸고 간 깊은 계곡'에서 이렇듯 큰 호수를 만날 줄은 몰랐다. 6·25전쟁 때 국군 6사단이 중공군 3개 사단을 격파하여 호수를 피로 물들였다는 이 파로호(破虜湖)의 물은 그지없이 맑기만 하다. 구만리 선착장에서 탄 '물빛누리호'는 한 시간 반이나 잔잔한 물살을 헤치며 거슬러 올라 평화의 댐 턱 밑에다 우리를 풀어준다.

댐 위쪽으로는 가곡 「비목」을 기념하는 '비목공원'이 들어서 있고, 오른쪽 높은 언덕에는 '세계평화의 종공원'이 탐방객을 기다리고 있다.

나무로 만든 저 '염원의 종'은 통일이 오는 날 쇠종으로 환생하여 오랜 침묵을 깨고 평화와 번영의 소리를 외쳐대리라.

그곳에서 가장 높은 언덕배기로 올랐다. 미완성의 '세계평화의 종'이 믿음직하다. 지구상의 삼십여 분쟁국가에서 보내온 탄피를 녹여 만든, 한 관이 모자라는 만 관(37.5톤) 무게의 종이다. 세계에서 가장 큰 종이란다. 종의 꼭대기에 올라앉은 평화의 비둘기 네 마리 가운데 북녘을 향한 한 마리의 날개가 애처롭게도 잘렸다. 통일이 되는 날 한 관을 더 보태어 잘린 날개를 완성할 거란다. 그날이 하루 빨리 오기를 간절히 빌었다. 우리는 모두 손을 모아 힘껏 종을 치면서 즐거운 수련여행도 마감했다.

우렁찬 종소리가 평화의 댐을 넘어 끝없이 메아리친다. 통일이여 어서 오라. 빨리 오라.

여름 섬나라

30여 년 만의 방문이다. 그 너른 바다 속을 솟구쳐 천혜의 아름다움을 간직한 섬, 지상낙원에 다시 발을 딛다니 새삼 꿈만 같다. 빛바랜 추억들도 가물거리고 모두가 생소하기만 하다. 그저 와이키키 해변의 야자수만이 낯익을 뿐이다. 서울의 늦더위와 비슷한 여름 날씨다. 서양 속의 동양으로 각인된 내 첫인상이 그대로 남아 편안한 분위기는 내 마음을 감싸주는 듯했다.

9월 10일 밤 10시에 이륙해서 밤새워 날아갔건만 도착하니 같은 날의 정오가 아닌가. 미국 땅임을 실감한다. 하와이 한인문인협회 임원들의 안내를 받아 바람산 관광부터 시작했다. 밀림 속을 굽이돌아 정상 가까이의 전망대에 서니 너른 들판을 지나 시가지가 까마아득하다. 천야만야 수직 절벽에서 하라는 대로 양팔을 벌리고 어린아이처럼 하늘을 우러러 본다.

몸통이 날아갈듯 시리지도 뜨겁지도 않은 시원한 바람이다. 세차게 이곳으로만 몰려오니 신기한 바람골이다. 이역만리 찾아와 황무지를 옥토로 만든 개척자들에게 온갖 시름 날리도록 신이 내려주신 마음의 해우소(解憂所)가 아닌가.

푸근한 첫날밤은 무르익어 간다. 이천성 부회장 집에서 양쪽 문인 20여 명이 모여 정을 나누며 공부를 하는 문학의 밤이다. 열악한 환경에서 한글문화의 맥을 찾아 꽃피우려는 저들의 열정이 눈물겹고 흐뭇하다. 시와 수필쓰기의 이론과 실제를 이야기하고 작품 낭송으로 방안의 열기는 한없이 달아올랐다.

배달의 피는 진해서 식탁의 정담 또한 끝이 없건만 내일의 행사와 빠듯한 일정을 생각하여 일찍 발걸음을 옮겨야 했다. 부회장의 부인이자 총무인 이소영 여사의 따뜻한 배려와 노고에 깊은 감사와 갈채를 보내면서.

이튿날 오후 호놀룰루 시 청사의 널찍한 홀에는 수십 점의 시화작품과 품격 있는 꽃꽂이들이 시선을 끈다. 한인이 이

땅에 뿌리를 내린 지 일백십 년을 기리기 위해 한인문인협회와 일인 꽃꽂이 모임이 함께 작품을 전시하는 색다른 자리다. 시장과 두 나라의 총영사까지 초청해 축사를 하고 언론 매체의 보도까지 나오니 여러모로 뜻 깊은 행사가 되었다. 한류의 확산과 교포사회의 발전을 기대한다.

하와이 주는 백여 개의 섬을 거느린다. 그중에서 큰 섬이 8개, 가장 큰 것이 빅 아일랜드(Hawaii Island)이다. 호놀룰루에서 비행기를 타면 40여 분쯤 걸린다. 섬이라지만 제주도의 열 배이니 이번에는 한 귀퉁이만을 보고 당일로 돌아와야 했다.

암벽과 산호초밖에 없는 깊은 바다, 그래서 검도록 짙은 쪽빛 물살, 사계절 불어오는 상쾌한 바람, 높푸른 하늘, 가볍게 떠다니는 흰 구름, 기온마저 늘 여름이니 지상낙원이 빈말도 아니다.

골짝마다 우거진 초록 바다, 고사리도 사람의 키보다 훨씬 크다. 꽃잎의 빨간색이 유난히 밝고, 노랑, 보라, 순백의 빛깔도 지천이다. 짙은 향의 화환을 목에 걸어주는 까닭도 이젠 알만하다. 숲은 향내로 가득 찼다. 골이 깊으니 내리꽂는 폭포도 많기 마련, 사백 척이 넘는 아카카폭포(Akaka Falls)의 물기둥은 멀리 전망대에서 보기에도 장관이다. 뱀도 없다니 밀림의 생활도 할 만하겠다.

국립공원을 돌아 나오니 이 낙원의 또 다른 얼굴이 비친다. 지각이 살아 있는 섬이라 근자에 뿜어낸 용암이 굳어 생긴 갈색의 천연 조각품이 뭍과 물에 즐비하다. 황야의 전시장이다. 지금도 곁에서는 굳어가며 조금씩 흘러내린다니 그 누구도 통제하긴 불능이다. 끊임없이 몰아치는 파도만이 그 거친 언덕을 어루만지며 절벽을 파들어 간다. 자연의 힘과 기교에 탄성이 절로 나온다.

바다에 솟구친 곳 불덩이 뿜어내고
검게 굳은 들판엔 온갖 형상 놀랍거니
파도는 밤낮도 없어 절벽만 치고 도네.

깊은 골 짙은 숲에 빨강 노랑 수를 놓고
삼천 척 물기둥은 지축을 흔들거니
산새들 외로워 우나 내 가슴도 젖었네.

백두대간의 환생

무더위가 어느샌가 물러나 아침은 서늘하고 하늘이 높아졌다. 해마다 이맘때가 되면 합동수련회가 기다려진다. '상장회사협의회'의 낯익은 식구들과 격의 없는 정담을 나눌 수 있어 더없이 즐거운 나들이다. 올해로 열네 번째가 되니 또 어느 곳을 찾아들까 기대 반 걱정 반이기도 했다.

청풍, 단양, 분천, 태백을 잇는 내륙의 삼도탐방, 이미 여러 번 둘러본 고장이지만, 어느 곳이고 세월 따라 철 따라 변하기 마련이다. 뜻밖에도 이번에는 백두대간의 오지가 새로 태어남을 몸으로 느껴볼 수 있어 더없이 즐거웠다.

솟대의 염원

이른 아침부터 숨차게 달린 버스는 예정대로 청풍호반의 비봉산 자락에 우리를 내려놓았다.

높이라야 531미터이니 높은 산은 아니다. 높아서 이름이 난 것이 아님은 정상에 올라보면 쉬 알게 된다. 정상에는 장애인이나 노약자라도 편하게 오를 수 있다. 모노레일을 타면 편도 20분쯤 소요된다. 상수리나무의 그늘을 따라 풀숲을 헤치며 구불구불 협궤를 달린다. 경사 40도도 안되나 오를 때는 몸이 뒤로 젖혀져서 체감 경사는 거의 90도에 가깝다. 처음 느끼는 드문 체험이라 짜릿한 스릴마저 맛본다. 높은 산, 험한 골짝일수록 하늘 높이 매어달리는 케이블카보다야 훨씬 안전하고 즐겁다.

정상에 오르니 시원하게도 산속의 바다가 펼쳐진다. 바닷물 위에 솟구친 산들이 베트남 하롱베이의 절경이라면 산속에 잠긴 물결이 청풍호의 환상적인 풍광이다. 하롱베이가 측면도라면 비봉산은 조감도라 할까. 정상에서 사방을 내려다보는 그림이 무척이나 아름답다.

전망대 중앙에는 수십 개의 솟대가 맑은 창공을 향해 무엇인가 간절히 갈구하고 있다. 이 고장의 안녕과 풍요만을 기원하는 것은 아니리라. 구슬빛 물로 비봉산이 둘러싸인 것은 바로 충주댐의 건설에 연유한다. 제천시 관내 5개면이 수몰되었다 하니 그 이주민들의 희생과 아픔이 어떠했을까를 생각하면 저 솟대의 염원이 마냥 가슴에 와 닿는다.

그 아픔이 이제는 청풍의 오지들을 명승지로 되살려내고 있다. 수몰지역의 문화재를 한 곳에 모은 청풍문화재단지가 관광객의 발걸음을 재촉하고, 유물전시관이나 수몰역사관 등이 어우러져 볼거리를 제공하니 아련한 향수마저 젖게 한다.

바다가 산에 잠겨 골짝마다 구슬 물결
비봉의 꼭대기엔 솟대 꿈도 드높아
철마가 오르내리는 새 세상 돋보이네.

어디 그뿐이랴. 산골 구석구석까지 물길이 생겼다. 인상 깊은 한벽루(寒碧樓)를 청풍문화재단지에 남겨두고 단지 아래 물가의 청풍나루로 옮긴다. 장회나루까지 배를 얻어 타고 맑은 물에 그림자를 드리우는 이 절벽의 신비를 감상하게 되다니. 물가의 기암절벽이 잇대어져, 무엇보다도 옥순봉과 구담봉을 가까이 바라볼 수 있음은 수상관광의 백미라 하겠다. 경관이 좋다고 자랑하는 중국 삼협(三峽)의 그 뱃길 오천 리를 더듬어도 이렇듯 아기자기한 천혜의 명품은 만날 수가 없으리라. 더구나 장강은 연중 흙탕물이니 이곳에 어찌 견줄 수가 있겠는가.

단양의 바위와 물길

다음날 아침에는 단양팔경 가운데 몇을 더 보기로 했다. 제일 먼저 단양의 상징물이라고 해도 좋을 도담삼봉. 가까이서 제대로 감상하려면 배를 타야 한다. 중앙에 솟은 장군봉(남편봉)과 왼쪽의 첩봉, 오른쪽의 처봉이 푸른 물길에 떠있다. 장군봉 허리춤에 세운 정자가 삼봉의 정취를 돋운다. 정도전이 자주 즐겨 호까지 삼봉으로 지었다 하니, 저 운치와 그 멋을 헤아릴 만도 하다. 마침 황새 다섯 마리가 장군봉의 바위 끝에 올라앉아 한가로이 가을볕을 즐긴다. 그 유유자적함이 부럽기도 하다.

유람선이 떠나자 바로 옆에 덩그렇게 뚫린 석문이 시선을 사로잡는다. 석회동굴이 무너지고 남은 천장의 일부가 구름다리처럼 떠있어 그 위에 나무들이 자란다. 그 문 사이로 멀리 보이는 시골 마을의 풍광이 한 폭의 그림 같다.

배에서 내려 버스로 이동하는 중에 대강면 남조천변에 솟구친 사인암(舍人巖)을 만나 잠깐 쉬어간다. 수직 절벽의 바위가 각을 지어 갈라져서 마치 크고 작은 돌 상자를 차곡차곡 쌓아 올린 듯하다. 그 틈새에 노송이 박혀 사시사철 푸름을 자랑하니 저런 수석, 저만큼 멋진 그림을 어디에서 만날 수 있으랴.

바위에 뿌리박고 모진 풍상 겪어내니
뒤틀려 굵어지고 두리 뭉실 굽어져
흰 머리 주름 깊은들 저쯤이면 어떠리.

백두대간의 속살

돌집식당에서 마늘 한정식으로 점심을 나누고 서둘러 두 시간쯤 더 달리니 봉화군의 분천에 도착한다. 한적한 오지의 시골역이다. 새로 단장한 흔적이며, 역 앞 마을의 어수선한 분위기에서 활기를 느낀다. 옛날의 분천역이 아님을 알 수 있다. 금년 4월부터 운행하기 시작한 백두대간 협곡열차의 시발역인데, 그 열차의 인기가 높아지니 역마저 북적댈 수밖에 없으리라.

이 협곡열차(V-train)는 봉화군 분천역에서 양원, 승부를 거쳐 태백시 철암역까지 27.7킬로 구간을 하루 세 차례 왕복한다. 빨간 빛깔의 객차 3량에 유리를 뒤덮어 어느 방향이고 편하게 밖을 내다볼 수 있도록 제작한 친환경적인 관광용 차량이다. 우리는 표를 살 수가 없어 바로 뒤이어 떠나는 무궁화호 열차에 몸을 실었다. 설레는 마음만을 그 관광열차에 태우기로 했다.

좁고 험한 골짝을 서서히 달리면 풀숲과 바위들이 손에 잡힐 듯 스쳐 지난다. 철따라 변하는 백두대간의 속살을 오감으로 체험하다니 신선한 충격이다. 제주의 올레길이 전국 곳곳에 둘레길로 퍼져나갔듯이 철마의 둘레길도 빛바랜 오지의 협궤로 번져나가기를 소망해본다.

그 순례길을 나도 가볼까

닷새나 약을 먹어도 기침은 떨어지지 않고 등에선 한기가 가실 줄 모른다. 떠날 날이 다가왔으나 나들이 예약은 취소할 수도 없어, 도리 없이 한 주일분의 약을 짊어지고 길을 나섰다. 여러 번 일본을 다녔지만 시코쿠는 처음이다. 그 어느 때보다도 가슴이 부푼다. 이번에는 나오시마(直島)를 둘러보자는 것이었으나 혹 괜찮은 지팡이라도 하나 구할 수 있지 않을까 하는 기대도 있었기 때문이다.

일본 열도에서 네 번째로 큰 섬이라 시코쿠(四國)란 이름을 얻었나 했다. 놀랍게도 그들은 이 섬을 오히려 '죽음의 나라'라고 불러왔다. 명치유신 이전의 전국시대에는 저들의 정적을 귀향 보내는 유배지였고, 불치병이나 전염병 환자를 격리시키던 시코쿠(死國)였으니 당연할 듯도 싶다.

이 저주받은 섬에서 수없이 죽어가는 중생들을 본 한 선사가 그 불쌍한 영혼들이 부처님 품안에서 최후의 안락을 맞도록 하기 위해 여기저기에다 숱한 절을 지으며 포교에 힘썼다 한다.

세월 따라 환경은 변했어도 세상살이가 고달파지면 일일이 절들을 찾아 참선과 고행을 수행하는 순례자도 생기기 마련이다. 한편 보시를 하는 마음으로 그들에게 대접을 하는 이도 나타났으니 이 선행을 오셋다이(お接待)라고 한다. 순례자 또한 그 호의를 거절하지 않는 것이 예의다.

이 순례의 길을 보통 오헨로(お遍路), 순례자를 오헨로상(お遍路さん)이라 부른다나. 사찰 88곳, 이를 이어주는 길은 총연장 1,400킬로로 서울과 부산을 세 번쯤 오가는 거리다. 시속 5킬로로 하루 6시간씩 걸어도 한 달 반이나 걸리니, 제주도의 올레길과는 규모도 목적도 전혀 다르지 않은가.

오헨로 순례는 '걷는 젠(禪)'이라고도 한다. 고행의 나그네길이지만 의장을 갖추고 완주를 하려면 그 체력은 말할 것도 없고 여비도 만만치 않다. 그들 나름의 상혼이 깃들었음일까. 세모진 모자(스게가사, 菅笠)에 하구이(白衣)라고 하는 흰 등거리를 걸치고 주다부쿠로(頭陀袋)라는 하얀 가방을 둘러멘다. 그 속에는 불경, 초, 향, 오사메후다(納札)와 장부(노쿄쵸: 納經帳)를 넣는다. 오사메후다란 순례자의 이름, 주소, 소원을 적은 종이쪽이다. 들르는 절에 바치고, 또 오셋다이를 받을 때에는 감사의 뜻으로 건네기도 한다. 그러니 순례자의 명함 구실도 한다. 어디 그뿐이랴. 손에는 마귀를 물리쳐준다는 종(지레: 持鈴)을 들고 또 지팡이(공고쓰에: 金剛杖)까지 짚어야 한다. 장부에 여든여덟 개의 도장이 찍혀야 게치간(結願)이 마무리되어 소원을 이룬다니 쉬운 일은 아닌 듯하다.

병든 몸 우글대던 죽음의 땅 시코쿠(四國)
삿갓에 흰 등거리 지팡이도 거머쥐고
땀으로 속을 씻으니 발걸음도 가볍네.

여든여덟 절집으로 이어진 그 수만 리
오솔길 숨 가빠도 기 살리는 선행 접대
모두들 환생을 했나 해탈 꿈 엮어주네.

내게도 백두대간의 종주를 꿈꾸다가 만 적이 있다. 그 대신 제주 올레길이라도 걸어보자며 갔는데, 그나마도 경치가 좋다는 세 구역만을 어슬렁거리다 돌아오고 말았다.

하지만 시코쿠의 둘레길은 괴롭고 병약한 자의 순례길이니 용기를 내어 볼만도 하지 않은가. 나로서는 특정 종교에 매이지 않았으니 잡신을 모시는 일본 땅에서 순례를 하기에는 큰 어려움이 없을 성싶다. 이번 나들이에서도 오헨로엔 근접도 안 했건만 감기 기운이 깨끗이 떨쳐졌다. 내겐 시코쿠가 죽음의 나라가 아니라 치유 소생의 땅임에 틀림이 없다.

날씨가 조금 더 풀리면 지팡이나 하나 짚고, 사누기(讚岐) 우동도 사먹으며 한두 구역만이라도 그 고난의 길을 걸어보고 싶다. 지나온 삶을 되돌아보며 마음속에 허접쓰레기도 털어낼 겸 오사메후다에다 욕심을 버리고 싶다고 적어보면 어떨까.

교남(嶠南) 나들이

초겨울의 시린 비가 오락가락하는 데도 마음은 달떠 잠마저 설쳤다. 꼭 60년 만에 들러보게 되니 고향이라도 찾아가는 듯 가슴이 뛰었다.

6·25전쟁 때 나는 국민방위군으로 징집되었다. 단기훈련을 마치자 방위 소위 계급장을 달고 처음 배속된 곳이 37교육대인데 그 교육대 본부가 바로 창녕읍에 있었고, 창낙면에 주둔한 2대대에서 한겨울을 보냈으니 잊을 수가 없는 곳이다. 그동안 많은 곳을 다녀보았지만 이 지역은 처음이다. 마침 수필문학추천작가회의 연차대회 및 동인지 출판기념회가 그곳에서 열린다니 부푼 마음으로 일찌감치 신청을 했다.

버스는 저 유명한 우포늪으로 향했다. 철새들을 만나기에는 좀 이르고, 수생식물을 찾아보기에는 또 너무 늦은 듯했다. 게다가 시간에 쫓겨 들머리 풍광만 바라보다가 돌아섰다. 해설사도 아쉬워하고 우리도 성에 차지는 않았지만 어찌하랴. 여운을 남겨두기로 했다. 손을 흔들어대는 가을억새들의 환송을 받으며 길을 재촉했다. 그래도 늦게야 회의장인 일성부곡콘도에 도착했다.

다음날 이른 아침을 하고 관광길을 서둘렀다. 봉하 마을부터 들렀다. 봉화산의 지형과 산세가 그리도 궁금했는데…. 막말과 파격의 거동으로 눈살을 찌푸리게 했고, 끝내는 망신스럽게도 자살극으로 세상을 뒤집어 놓은 전직 국가원수인 작은 거인이 잠든 곳, 추모객들의 행렬로 성시를 이루었던 바로 그 마을이다. 그분의 생가라는 초가삼간을 둘러보고 묘역 앞으로 나왔다. 생각보다 한적한 시골마당에 서서 부엉이바위와 사자바위를 바라보니 감회가 새로웠다.

봉하마을을 떠나 밀양으로 향했다. 이름만 들어온 영남루 앞뜰에 섰다. 웅장한 누각의 풍채가 진주의 촉석루(矗石樓), 평양의 부벽루(浮碧樓)와 더불어 삼대 누각의 하나로 꼽힐 만하다. 조선조 선비문화의 품격과 혼도 자랑할 만하다. 유럽의 고성이나 일본의 성과 공원에서는 맛볼 수 없는 멋과 매력이 넘쳐난다고나 할까. 왼편에는 능파당(凌波堂), 오른쪽으로는 층층이 내려가서 침류각(枕流閣)을 이어 앉혔으니 그 넓은 규모와 아름다운 구조가 돋보인다. 영남루 마루에 올라서면 절벽을 굽이도는 밀양강과 그 건너 시가지의 모습이 한눈에 들어온다. 야경은 더욱 아름답다니 시간이 아쉽다. 넓은 들판을 거슬러 시원한 바람에 날리는 옛 도포자락도 눈에 선하다.

고개를 들어 천장을 바라보면 찬탄을 토해내기 마련이다. 아름드리 대들보에 시선이 가 꽂히면 용틀임치는 모습의 조각과 저 단청의 화려함이라니. 그 가운데 걸려있는 현판을 보고는 또 한 번 놀란다. 누각을 중건한 밀양부사 이인재의 첫째 아들 중석(11세)이 쓴 '嶺南第一樓(영남제일루)'와 둘째 아들 현석(7세)이 쓴 '嶺南樓(영남루)'가 신비롭기만 하다. 붓만 들면 떨리는 내 자신이 더없이 초라해 보인다. 그 굵은 붓을 어떻게 가누기나 했는지 도무지 믿어지질 않는다. 눈을 돌리면 천장 구석구석에 퇴색한 현판이 수없이 걸려 있다. 퇴계, 목은을 비롯해 당대 대문장가들의 시문 현판과 명필들의 서각이 즐비하다.

기구한 세월을 살아온 이 큰 집에 어찌 시원한 강바람만 불었으랴. 뼛속까지 스며드는 칼바람도 가슴 아픈 사연도 있기 마련이다.

앞뜰을 건너 만덕문(萬德門)으로 들어서면 천진궁(天眞宮)을 만난다. 단군의 영정과 위패를, 그리고 양쪽 벽에는 부여, 고구려, 가야를 비롯해 신라, 백제는 물론, 조선조에 이르기까지 각 왕조 시조를 모시고, 봄가을로 어천대제(御天大祭), 개천대제(開天大祭)를 지낸다. 우리 민족의 얼이 서린 이곳을 일제시대에는 감옥으로 사용했다니 그 악랄함을 어찌 잊을 수 있을까.

영남루를 떠올리면 죽음으로 정절을 지킨 아랑 낭자의 애처로운 전설을 떨칠 순 없다. 강가로 내려가려면 아랑의 사당과 그 후 널리 불러진 밀양아리랑의 노래비가 있다지만, 승차시간에 쫓겨 찾아보지를 못했으니.

"아리 아리랑 쓰리 쓰리랑 아라리가 났네…."

후렴을 거듭 흥얼거리며 시조 한 편으로 아쉬움을 달랜다.

남천강 절벽 위로 덩그런 마룻방 집
능파당 침류각을 양쪽에 펼쳐놓고
풍월을 읊는 선비들 교남땅에 으뜸이라.

대들보 구석구석 시와 문장 가득 달려
스치는 바람결에 풍정이 흩날리니

풍상에 쌓인 정한을 뉘라서 잊을 건가.

앞뜰의 천진궁에 여러 조상 모셔놓고
강가의 아랑각엔 예쁜 아씨 잠재우니
아리랑 가락을 따라 내 마음도 달뜨네.

향일암(向日庵)을 찾아서

얼마 전에 여수엑스포를 다녀왔다. 모처럼의 기회를 놓치고 나면 언제 또 볼 수 있을까싶어서였다. 그런데 다시 여수에서 제12회 '수필의 날' 행사를 한단다. 몰려든 사람들의 물결 속 기다림에 지쳤던 기억들을 씻을 수도 있겠다 싶어 또 따라나서기로 했다.

폭우가 쏟아진 뒤끝인데 일기예보마저 오락가락하니 남도의 천릿길이 그리 만만할 리 있을까만, 이름난 미항에다 젊은 날의 오동도 추억이며 소문만 듣던 향일암의 절경과 순천만의 꿈틀대는 갯벌까지 기다린다니 참으로 참가하기를 잘했지 싶었다. 그러니 마음이 조급해질 지경이다.

내가 탄 1호 버스에는 문단의 원로들과 수필계의 거목인 윤재천 교수까지 버티고 있어 늦깎이인 나마저 괜히 우쭐해지는 기분이다. 장시간의 여행이라 지루하기 마련, 혹 음치에게 예의 노래라도 시키면 어쩌나 걱정했으나 기우였다. 안내자의 재치로 분위기를 바꿔 놓지 않았는가.

「수필 아포리즘」을 본 따서 각자 지어보란다. 윤 교수가 3인을 골라 그의 책을 한 권씩 주기로 상을 내걸었다. 대가의 객관적인 평가를 받고 싶은 욕심에 나도 몇 자 적어보았다.

“수필은 자화상이다. 왜냐하면 자기의 생각이나 내면세계를 진솔하게 토로하니 스스로 그려낸 자신의 모습이기 때문이다.”

수필은 커피다, 구름이다, 거울이다 등등 다양한 아포리즘이 나왔는데, 노련한 작가님은 그 모두에게 상을 준다니 고맙기는 하지만 한 편 맥이 빠지기도 했다.

오후 4시에 행사가 예정되어 1부, 2부, 3부로 순조롭게 진행되었다. 그러나 염불보다 잿밥이라 했던가. 시원한 뒷자리에서 꾸벅꾸벅 졸기만 하면서도, 내일 새벽 향일암에 갈 사람 손을 들라는 데는 제일 먼저 들었다.

여러 번 다녀온 상남 시백의 설명을 들으며 향일암의 궁금증에 한껏 가슴이 부풀어 오른다. 어둠이 가신 임포마을 언덕길은 초입부터 가파르니 숨이 턱에 찬다. 계단 길은 가깝지만 무척 가파르다기에 돌아가는 길을 택했다. 쉬엄쉬엄 숨을 가다듬으며 도중의 약수도 떠 마시고 뒤늦게 경내로 들어섰다. 올라왔다는 성취감보다 탁 트인 절경에 탄성이 절로 터진다. 날씨가 흐려 해가 뜨는 장관을 못 보는 것이 아쉽다. 그래도 잠깐이나마 하늘이 훤해지며 용이 꿈틀대는 형상의 구름이 나타났다. 꿩 대신 닭이라고 그도 마냥 즐겁고 신비롭기만 했다.

흙 한 줌도 쌓일 곳이 없는 절벽에다 마구 섞인 바위틈을 비집고 찾아들어 세운 틈새암자, 그러니 넉넉한 도량을 자랑하는 유명사찰보다 신비롭고 내 마음을 사로잡는 게 아닌가. 검은 물결을 헤집고 불덩이가 솟구치는 그 장관은 상상만으로도 황홀하기 이를 데 없다. 활기찬 빛을 보듬어 안은 절벽위의 도량이라니 차라리 작아서 아래위로 갈라 세운 관음전이 훨씬 더 정겨운 것 같다.

돌을 깎아 세운 난간에는 거북이가 수백 마리는 되나 보다. 돌의 흰 줄무늬를 살려 잘도 다듬은 새끼거북은 한결같이 바다를 향해있다. 동이 트면 환궁의 꿈이라도 엮어 기도라도 드리려는가. 하필이면 금오산(金鰲山) 절벽에 올라 푸른 바다만 바라보고 있다니 애처로운 생각에 눈이 감긴다. 나무

아미타불 관세음보살!

난간 밑에는 널따란 바위가 평평하다. '원효스님 좌선대'라 씌어 있다. 역시 큰 스님은 현명했던 모양, 나도 기수련을 저 자리에서 하며 밤이라도 새우고 싶다. 나같은 사람에게도 허용이나 할까?

절벽 구석구석이 수백 년 수령의 느티나무와 동백나무로 빼곡하다. 이른 봄이면 산비알이 동백꽃으로 발갛게 타오른다니 그 꽃멀미에 취하러 다시 찾았으면…. 몇 번이고 다시 와보고 싶은 고장, 임포마을의 향일암. 다음에 오면 가파른 직립의 저 계단길을 꼭 오르리라 다짐한다.

금오산 절벽 위에 위아래로 관음전
검은 바다 내려보며 불덩이 보듬으니
종일을 관세음보살 험한 골짝 일깨우네.

수백의 거북이가 난간에 가득 앉아
지는 꽃봉 아쉬워 긴 한숨 토해내며
밤마다 애를 태우니 환궁의 꿈 어쩌리.

바윗돌 비집고 선 허허로운 틈새암자
큰스님 마음 비운 좌선대 탄탄하니
천년도 깜작할 사이 해탈의 길 환하네.

마을 입구에서 나는 구순을 넘긴 원로 할머니가 따라나선 것을 보고 태산 같은 걱정을 했다. 일행에게 폐가 되어서는 안될 텐데…. 그런데 웬걸! 끝까지 나보다 더 잘 오르니…. 마음속으로 깊은 사과를 하지 않을 수 없었다. 내 오만과 경솔함을…. 그리고 나도 십년 후에도 이곳을 찾도록 건강관리에 힘써야 하겠다고 다짐을 하며 아쉬운 발걸음을 옮겼다.

사월애 나들이

동인들이 처음으로 1박 2일의 가을나들이를 태안으로 떠났다. 며칠 후 사진 두 장을 메일로 보내왔다. 하나는 몽산포 해변의 해넘이 사진이다. 서초휴양소에 짐을 풀고 낙조를 놓칠세라 서둘러 바닷가로 나갔는데, 날씨가 흐려 써늘했지만 오히려 아름다운 추억거리를 얻은 셈이다. 하늘을 뒤덮은 구름 사이로 쏟아지는 햇빛을 바라보며 모래사장을 거니는 모습들이다. 화면을 어둡게 처리해서 더욱 사실감이 난다.

또 한 장의 사진이 즐거운 밤을 떠올리며 가슴을 부풀린다. 그날 저녁 남자들은 네 사람이 한 방에, 여인들은 두 방에 나뉘어 자리를 잡았다. 잠깐 쉬었을까, 옆방으로 모두 건너오라는 전갈이다. 그동안 쓴 작품의 합평을 하자는 줄 알고 들어서니, 웬걸, 분위기가 황홀하지 않은가. 이벤트의 달인답게 하리(下里)댁이 예고도 없이 연출한 깜짝쇼다.

식탁 가득 과일 접시와 술잔이 놓이고 크고 작은 여남은 개의 촛불이 들쭉날쭉 솟아 타오르며 축하의 열기를 뿜어댄다. 한가운데 세워놓은 책의 표지에는 '겨울나무 그 뿌리처럼'이란 글씨가 춤을 춘다. 저자 일죽(一竹)님을 한복판에 앉히고 손뼉을 쳐댄다. '축하합니다. 축하합니다….' 며칠 전 출간한 수필집의 출판기념파티로 합평을 시작하기 전에 잔치를 벌였으니, 모두들 기껍게 잔을 비웠다. 모처럼 맞는 가을밤의 훈훈한 정경이다.

다음날 아침을 마치자 서둘러 방을 비웠다. 서울로 돌아가는 길에 들를 곳을 의논하다 서산 부석사로 의견이 모아졌다. 영주에도 태백산 부석사가 있다. 그 절이 규모도 크고, 널리 알려져 있다. 그러나 서산의 부석사는 소박한 시골 아낙 같은 모습이다. 어딘가 허술한 듯해 보이나 그 분위기는 훨씬 더 마음에 와 닿는다. 눈이 오면 꼭 한 번 다시 와서 며칠 묵어가고 싶은 산사이다.

부석사 가는 길은 도비산을 굽이돌아 비탈을 오른다. 마침 단풍이 절정이라 늦가을의 정취를 만끽할 수 있었다. 다행히

차가 절의 앞뜰까지 오를 수 있었다. 우리 차는 주차장에 두고 돌계단을 걸어 빗속을 올랐다.

양쪽 기둥 옆에 큰 사자가 버티고 선 사자문을 지나면 돌을 차곡차곡 쌓아놓은 듯한 계단이 높다랗게 보인다. 바닥에 깔린 큼직한 자연석들을 내려 보는 순간 그만 마음을 빼앗기고 말았다. 투박하지만 듬직해서 한 발 한 발 옮길 때마다 몸은 무겁게 올라도 마음은 더없이 가벼워 도리어 가라앉는다. 경내로 들어서면 차 맛이 좋기로 소문난 '도비산 다원'이 기다린다. 찻집 옆으로 바싹 붙여지은 누각이 이름도 아름다운 '운거루(雲居樓)'다. 쪽 곧은 기둥으로 덩그러니 떠받친 누각이야말로 구름에 떠있는 듯하다. 아름답고 멋이 있어 걸음을 멈추지 않을 수 없다. 이 누각에서 내려다보는 시원함이라니. 넓은 들판이 까마득 발아래로 깔리고, 천수만이 멀리 가물거리니 온갖 시름이 다 잊어진다.

축대를 쌓은 돌들이 모두 큼직큼직한 자연석들이라 눈길이 끌린다. 뿐 아니라 구석구석 자리를 잡은 느티나무와 소나무들도 한결 아름드리니 낡은 사찰의 숨겨진 사연들을 풀어 놓을 듯하다.

일찍 서울로 올라가자고 서둘렀건만, 산 입구 외진 곳에 자리 잡은 '도비산가든'에서 점심을 하기로 했다. 일죽 선생이

기어이 이 집에서 책 턱을 내고 싶다니 어찌하랴. 뚝배기보다 장맛이라 했던가. 집은 허술해 보였지만, 굴밥은 감칠맛이다. 굴뿐 아니라 은행이며 버섯, 채소 등이 섞인 비빔밥인데 그 양마저 푸짐했다. 이번 나들이 중 가장 맛있는 식사로 대미를 장식한 셈이다. 그냥 지나쳤으면 후회할 뻔했다.

풀바리 정취

종일 내리던 비가 그쳤다. 사월의 마지막 나들이를 한층 더 산뜻하게 한다. 오랜만에 북한강가의 벚꽃 길을 달린다. 가슴까지 설렌다. 산희회원들의 모임에 옛날 지도교수를 초대한 것이다. 점심 후에는 혜정네 별장에서 뒤풀이를 한단다. 염불보다 잿밥이라 했던가. 뜰을 얼마나 잘 가꾸어 놓았을지 생각하니 마음은 더 조급해질 수밖에.

올림픽대로를 타면 압구정동에서 30분 남짓 걸린다고 자세한 안내 메일을 보내주고, 고맙게도 이른 아침 확인전화까지 했다.

'전주밥상'집에서 모여 게장과 생선구이에 돌솥밥으로 점심을 마치자 차는 별장에 가서 마시자고 일어났다. 고개를 넘으니 강변에 가일미술관이 나선다. 건너편 산속으로 난 길을 몇 분이나 달렸을까, 기대했던 별장의 '풀바리' 표지가 보인다.

"야아, 좋다. 대단하구나." 이구동성, 입이 벌어진다. 멀리 고봉산의 능선은 하늘을 가리고, 양 옆의 가파른 비알은 천연의 울타리요, 아득한 정원에는 수십 년생 거목이 즐비하다. 자두꽃이 눈부시고, 버들벚 가지가 한들바람에 춤을 춘다. 요즈막에 골짜기의 물길을 따라 오십여 그루의 소나무를 옮겨다 심었다니 이인정 회장의 통 큰 꿈과 열정에 혀를 차지 않을 수 없다. 외국에라도 자랑할 명품 정원을 가꾸고 있지 않은가. 안채 앞뜰에 판 연못에는 팔뚝만한 황금송어 떼가 유유자적 봄볕을 가른다. 우리가 찾아온다고 백여 마리를 사다 넣었다니 감사해야 할지 꾸짖어야 할지 그저 놀랍기만 하다.

골짝으로 기어들면 아늑한 풀바리 뜰
큰 상 받은 안채는 비알에 상큼하고
사랑채 멋을 돋구어 홍타령 절로 솟네.

고목 박힌 묵은 터에 노송들 덧세우고
황금송어 꼬리춤에 버들벚꽃 물결쳐
고봉산 깊은 물골이 선경인가 하노라.

앞뜰을 둘러보고 안채로 들어섰다. 산비알에 세운 현대식 저택이다. 다과를 나누며 풀바리의 내력을 듣는다. 네팔의 명예총영사로 여러 해 봉사해온 이회장이 포카라의 이름난 호텔 풀바리 리조트에서 본 따다 붙인 이름이란다. 사방이 통유리라 풀숲이 발아래 가득하고, 식탁 옆 산비알엔 다람쥐가 까불댄다. 건축대상을 받을 만하다.

졸저 『발길 따라 물길 따라』에 실린 「40년 만에 만난 남자」를 읽어주며 지리산 종주의 옛 추억에 꽃을 피웠다. 지리산의 장터목에서 '산희샘' 물로 갈증을 풀던 아가씨들이 손자 자랑에 빠지는 할머니가 되어서도 산희회 모임을 이어간다니 참으로 감회롭기 그지없다.

다과를 마치고 뜰아래에 세운 별채로 옮겨 앉는다. 노래 선생님 앞에서 중간고사를 치러야 한다나. 넓은 마루방에 피아노를 비롯해서 여러 악기가 비치되어 있고, 작은 공연 무대까지도 마련해 놓았다. 선생의 장구에 맞춰 혜정과 미경이가 남도민요를 불러댄다. 「사시가」, 「성주풀이」 가락이 한없이 구성지다. 춤만 잘 추나 했더니 소리 솜씨도 수준급이 아닌가. 저런 끼를 일찍 개발하지 않고 어떻게 지금까지 숨겨왔을까. 모두가 아쉬워하며 아낌없는 박수를 보낸다.

우리 소리는 함께 어우러져야 한다며, 소리꾼답게 진도아리랑을 배우자고 즉석 제안이 나왔다. 아리랑의 한 맺힌 배경을 이해하여 그 감정이 실리고, 가락은 꺾는 묘미를 살려야 제 맛이 난다고 쉽게 가르친다. 나 같은 음치에게도 마냥 즐거운 시간이다.

소리판을 끝내자 출출하다며 다시 안채로 올라선다. 난로에 구워 따끈따끈한 고구마며 다과를 즐기나 했더니, 살림꾼 아줌마들은 쑥을 뜯어야 한다며 다시 나간다. 무슨 일이고 동참에 뜻이 있다고 나도 따라 나섰다.

묵은 쑥대 사이로 연한 싹이 그득하다. 어려서 나물 뜯던 솜씨는 어딜 갔는지, 쪼그리고 앉는 몸가짐이 겨웁다. 봉지의 반도 못 채우고, 허리 처져 못하겠노라 일어섰다. 옆에서 뜯던 제자도 따라 일어나더니 쑥 봉지까지 내게 쥐어주는 게 아닌가. 그 또한 어찌 풋쑥의 향기를 좋아하지 않으랴. 옛정을 생각한 세심한 배려이지. 구 의회 의장까지 역임한 그녀, 포부는 당차도 마음씀은 더없이 자상하다. 한 줌의 쑥이라지만 끓여 먹기도 전에 가슴을 뜨겁게 데워 준다.

반나절의 이런 나들이는 아쉽기 그지없다. 여름, 가을, 겨울에도 풀바리의 정취는 색다르게 환상적일 듯하다.

살고 싶은 그 풀밭

뉴질랜드는 초원의 나라다. 만년설이 덥여있는 남 알프스의 잘 보존된 밀림지대와 호수를 제외한 나머지 국토가 거의 풀의 바다다.

역사적 유물이나 거대한 규모의 현대적 구조물이라고는 전혀 찾아볼 수가 없다. 연간 수백만에 이르는 관광객이 때 묻지 않은 원시의 초원을 체험하고, 그 속에서 대자연의 정취를 만끽하려 몰려든다. 까닭은 공해에 찌들고 복잡한 문명사회에 시달리던 인간의 탈출심리가 부추긴 탓이 아닐까.

오클랜드 국제공항의 유리문을 밀치고 나서는 순간, 막혔던 코가 펑 뚫리기라도 하듯 상큼한 공기 맛을 느낀다. 겨울

철이라고 하나 우리나라의 늦가을 날씨다. 버스가 공항 구내를 벗어나자 양쪽으로 양떼가 굼실거리는 초원이 전개된다. 마치 큰 목장 속에 공항이 들어선 것 같다. 양, 사슴, 말, 소들을 방목하면서 털이나 깎으면 된다. 맹수는 고사하고 여우나 뱀도 없는 땅, 도적이 없는 그곳에는, 비가 오나 눈이 오나 그냥 내버려 두어도 절로 새끼 낳고 자란다고 하니, 사람이 가축을 사육한다기보다 대자연의 일원으로 더불어 살아가는 셈이다.

풀밭을 내려서니 집들은 숲에 묻혀
제멋에 사는 짐승 사람들과 한식구라
모두가 속을 비웠나 한없이 여유롭다.

북섬의 끝에 와이포우아 산림보호구(Waipoua Forest)가 있는데, 성장이 더디고 단단한 재질의 카우리(Kauri) 나무 숲이다. 이 숲 가운데 환상의 거목인 타네 마후타(Tane Mahuta)는 수령 1,500년에 높이 51.2미터, 둘레가 13.8미터나 된다고 한다. 꼭 만나보고 싶었지만, 아쉬움을 남긴 채 버스는 남으로 유황온천의 도시 로토루아(Rotorua)를 향해 3시간이나 달려야 했다.

오클랜드의 시가지를 내려다볼 수 있는 '에덴의 동산'에 올라서면 옛화산의 분화구가 푸른 목초로 곱게 뒤덮여 있다. 그러나 로토루아에는 지금도 지열이 대단하다. 도착하자마자 폴리네시안 온천(Polynesian Spa)엘 들렀다. 30여 종류의 이색적인 노천탕에서 동서양의 남녀노소가 가릴 것 없이 수영복으로 뒤섞여 온천을 즐긴다. 코가 취약한 나는 비행기 속의 찬 바람 때문에 주체할 수 없는 콧물이 쏟아져나왔다. 혹 덧들려 고생할지 몰라 걱정도 되었으나 안하면 후회할 것 같아 노천탕에서 반신욕을 하는데 신기하게도 콧물이 멈췄다.

다음날 아침에는 와까레와레와(Whakarewarewa) 지열공원을 훑었다. 원주민인 마우리족의 민속촌도 둘러보고 지열지구로 옮아가니, 진흙열탕이 뜨거운 가스를 토해내고 있고, 간헐천이 하루 10여 차례 30미터가 넘는 물줄기를 높이 뿜어 올린다. 시골 마을의 자욱한 저녁연기처럼 더운 수증기가 온 골짝을 메우니 절로 탄성이 나온다.

지열로 데워지고 오염도 되지 않은 골짝의 얕은 물에는 무지개송어떼가 우글거린다. 웅덩이에는 뱀장어를 길러 관광객의 호기심도 자극하고 있다. 80년을 산다는 이 장어가 어른 팔뚝보다도 굵으니, 징그러워 식욕이 가실 지경이다.

로토루아 시내를 벗어나서 북으로 10킬로에 아그로돔(Agrodome)이 있다. 연구 및 전시용의 농장인데, 양털 깎기 쇼는 볼만하다. 1분도 안 걸려서 양 한 마리를 발가숭이로 깎아 내니 그 솜씨와 또 개들의 양몰이 역시 이 나라가 목축국가임을 실감케 해준다.

굼실대던 양떼가 개 쫓아 몰려오고
손 따라 고분고분 잠깐 사이 발가벗어
마음이 가난한 자는 너뿐인가 하노라.

1차 산업이 경쟁력을 갖추려면 천혜의 환경이 이뤄져야 하겠지만, 그에 못하지 않는 노력도 따라야 한다. 이렇게 깨끗한 자연환경이 유지되고 농수산업이 국가의 기간으로 자리매김할 수 있다면, 농수산부장관이 수석장관이 될 만큼 나라의 시책 또한 지원이 앞서고 사회적 인식의 공감대도 잘 형성되어야겠다는 생각이 들었다.

로토루아를 오가자면 시가지의 북쪽에 바다같이 넓은 호수가 펼쳐진다. 우리나라에도 6·25 사변 때 참전 용사들에 의해 소개됐던 연가의 고향이 바로 이 로토루아호수인데 젊은 날의 추억을 되살려 준다.

뒷좌석에서 누군가 앳된 목소리로 "비바람이 치던 바다 잔잔해져 오면, 오늘 그대 오시려나 저 바다 건너서. 저 하늘에 반짝이는 별들도 아름답지만, 사랑스런 그대 눈은 더욱 아름다워라…."를 경쾌하게 부르짖는다. 본래 마우리족의 애절한 사랑은 그렇도록 즐겁기만 한 것은 아니고, 그 연가의 가락 또한 이토록 경쾌한 것이 아니란다. 아무렴 어떠랴. 식물도 옮겨 심으면 풍토 따라 변종이 되거늘….

험준한 밀림을 뚫고

북섬의 오클랜드 국제공항을 떠난 지 1시간 20분 만에 남섬의 관문인 크라이스트처치 공항에 내렸다. 크라이스트처치는 남섬 인구의 3분의 1이 모여 사는 뉴질랜드의 세 번째 도시다. 1850년에 신천지를 동경하며 이민을 온 4천 명의 영국인이 건설한 도시인지라 영국풍이 물씬 풍긴다. 가든씨티(Garden city)라고 불릴 만큼 6백 개가 넘는 공원을 자랑한다. 공원 속에 도시가 산재하고 있다고나 할까. 두어 달쯤 쉬었다 가고 싶은 곳이다.

크라이스트처치에서 점심을 끝내고, 남으로 2시간 반쯤 끝도 없는 평원을 달리니, 만년설이 뒤덮인 이곳 알프스의 산

줄기가 시야에 들어온다. 그 주봉인 쿡 산(Mt. Cook)의 아름다운 모습이 테카포(Tekapo) 호수 너머로 아득히 보인다.

테카포 호수는 빙하수로 채워져서 그 특유의 에메랄드빛이 유난스레 맑고 아름답다. 어디 그뿐인가. 해발 390미터의 수면이라 층층이 형성된 호수를 인공 수로가 연결해 놓아, 바다까지 흘러 들어가는 동안 그 낙차를 이용한 9개의 무인 수력발전소가 돌아가고 있으니 부럽기 이를 데 없다.

저녁 늦게야 퀸스타운에 도착하였다. '스카이라인'의 곤돌라를 타고 산 위의 뷔페식당에 이르렀을 때는, 어둠이 짙게 깔려 거리의 불빛만 발아래 현란할 뿐, 그 지형은 전혀 분간할 수 없었다. 퀸스타운은 여왕이 살기에 적합할 만큼 아름다운 곳이라 하여 붙여진 이름이란다. 길이 38킬로나 되는 와카티푸(Wakatipu) 호수의 중간 부분에 자리 잡은 이 도시는 네 계절 어느 때나 여행객으로 붐빈다. 관광길의 요충일 뿐 아니라, 스키, 골프, 낚시, 파라후라이트, 요트, 번지점프 등 온갖 놀이를 다 즐길 수 있다. 레포츠천국이라고나 할까.

쿡* 능선 비켜놓고 달려온 호숫가로
아름다운 여왕거리 놀이판도 가득해
도원이 아닌가 하여 모두들 모여드네.

다음날 이른 아침에 여숙을 출발하여 밀포드 싸운드까지 왕복 6백 킬로의 산길을 버스로 달려야 한다. 와카티푸 호수를 오른쪽으로 바라보며 한 시간쯤 가면 서쪽 끝자락에 킹스톤(Kingston)이 나오고, 산 속으로 삼백 리쯤 더 달리면 국립공원의 관문인 테 아나우(Te Anau)란 작은 마을에 이른다. 테 아나우호수를 따라 다시 백 리쯤 달렸을까, 여기서 만나는 험준한 협곡이야말로 남섬 관광의 하이라이트라 하겠다.

1986년에 세계자연유산으로 지정된 피요르드랜드 국립공원은 눈사태, 나무사태가 흔히 일어난다. 가파른 절벽의 바위에는 이끼가 무성하고, 이끼 밑으로 뿌리가 뻗었으니 하나가 넘어지면 차례로 넘어지기 마련이다. 넘어진 나무들은 그 자리에서 썩어 자연으로 돌아간다. 연간 3백여 일에 7천밀리의 비가 쏟아지는 특수한 지대이니, 계곡의 수목은 적도의 밀림을 무색하게 한다. 도중의 거울호수(Mirror Lakes)를 스쳐갈 때는 맑은 물에 건너편의 절벽이 비쳐 한 폭의 산수화를 보게 된다. 거울호수란 이름도 실감이 난다.

아주 험한 이 고개를 넘을 때는 갑자기 비까지 내려 한층 운치가 있었다. 전기시설도 없는 캄캄한 호머 터널(Homer Tunnel)을 빠져나가는 순간 시야가 확 트이면서 급경사의 산길이 갈지자로 오락가락하니 피요르드 싸운드가 가까워짐을 알려준다.

쉐이즘(The Chasm)에서 일행을 풀어주어 한동안 협곡 속의 밀림지대를 거닐었다. 습기가 많아 나무들은 이끼류로 뒤덮여 있고, 그 이끼 밑으로 수분이 흐르니, 뿌리가 제 둥치인 줄도 모르고 타고 오른다. 다시 밑으로 내려오는 그 기묘함까지도 보게 되다니.

피요르드 싸운드에서 유람선을 타고, 점심을 먹으면서 10킬로의 물길을 따라 타스만까지 나아갔다가 되돌아온다. 중턱에 안개가 걸린 1천미터 높이의 절벽이 양쪽으로 병풍처럼 세워져 있고, 그 위로부터 수없이 많은 폭포가 쏟아져 내린다. 폭포 가까이를 배가 지날 때면 물방울에 젖는 옷은 아랑곳하지 않고 탄성을 토하며 카메라의 셔터 누르기에 모두들 여념이 없다.

바닷길 이삼십 리 절벽을 에워싸고
중턱에 걸친 안개 폭포까지 부셔대니
옛적의 싸움터인들 이보다 장엄하랴.

안내방송은 일본어에 이어 한국어로도 흘러나온다. 한국인 관광객이 그만큼 많다는 증거이다. 관광을 즐기며 천혜의 경관만을 부러워할 것이 아니라, 자연을 가꾸고 지키는 순박한 이 땅 주인들의 숨은 노력도 배웠으면 하는 생각을 해본다.

*쿡: 뉴질랜드 남섬의 높은 산(Mt. Cook)

2.
배려를 하고

궂은 날 가시덤불 숨차게 달렸거니
돌더미 끝이 없고 헤치기 힘겨워도
이웃의 눈길 받으면 앞길마저 훤하네.

10년이라는 꼬리표는?

수필문학상 광고를 보고 조금은 망설였다. 응모하려니 쑥스럽고 부끄럽기조차 했다. 그러나 수필 쓰기를 시작한 지도 벌써 몇 해, 잘 쓰는 것인지 어떤지 공정하게 평가를 받아보고 싶은 내 오기도 발동을 하여 도전을 했다. 뜻밖에도 처음으로 수상통보를 받고, 수상 소감, '늙마의 외도도 할 만하구나'를 써보는 영광과 기쁨을 맛보았다.

그런데 상금에는 별로 관심이 없었던 바이지만 막상 상을 받고 보니 생각이 달라진다. 말 타니 종 부리고 싶어진다고 했던가. 기왕이면 상금이 두둑한 큰 상에 도전하고 싶어지니 이를 어찌하랴.

때마침 동아리 문우로부터 메일이 날아들었다. "아래와 같이 문학창작기금에 응모해보심이 어떠신지요. 누구든지 타시면 한 턱 쏘기로 하고요…." 지원금이라고 받으면 일일이 정산을 해야 했던 종래의 번거로움이 사라졌으니 얼마나 좋은가. 이제는 요행일지라도 마음 놓고 한 턱 쏠 수도 있지 않겠느냐는 것이다.

한국문화예술위원회의 문학창작기금이 정산의 고충을 해소하기 위하여 2012년부터는 영수증 꿰맞추기가 필요 없는 시상금제도로 전환한데 고무되어 응모해보자고 독려하는 뜻의 희소식이다.

당장 '2012 아르코 문학창작기금 응모 안내'를 열어보았다. "문학적 성과를 시상하는 일반 시상제도와 차별화하여 우수한 문학적 잠재역량을 지닌 작가를 발굴 지원함으로써 시장기능을 보완하는 데 중점을 두고" 있다니 이 얼마나 참신한가.

그런데 그 기쁨도 잠깐, 몇 줄 안 읽고 크게 실망했다. 내게는 그런 잠재역량을 확인해볼 기회조차 없다니. 응모자격이 등단 10년 이상(2001. 12. 31까지)의 작가라야 한다나. 기가 차다. 2005년생 늦깎이의 창작의욕은 안중에도 없는 모양이다. 고참, 어르신들의 밥상을 넘보려하다니 공연히 버릇없는 놈이 되는 셈이다.

다시 생각해보아도 경쟁시켜 창작의욕을 북돋우려는 제도와는 거리가 먼 듯싶다. 경쟁대열에 참여도 할 수 없게 아주 단단한 장벽을 쳐 놓다니.

현재 활동하는 작가의 창작의욕을 북돋우기 위하여 지원하는 취지라면 최근의 작품 활동과 그 성과물을 평가하여 앞으로도 훌륭한 작품을 창작해낼 수 있다고 평가받는 자라면 누구든 제한이 없어야 하지 않을까. 과거를 평가한 공로상이 아니라 미래를 독려하려는 장려상이라면 실적으로 검증된 창작역량에 초점을 맞춰야 옳다고 생각했다.

열정과 창의성이 등단기간과 정비례하란 법은 없을 터. 십년의 세월이 지나지 않으면 그만한 창작열은 생기지 않고, 등단하고 세월만 가면 창작능력이 용솟음치기라도 한다는 말인지.

아니면 너도나도 덤벼들면 선정에 힘이 드니 예선의 의미를 부여한다는 뜻일까. 그 역시 설득력은 없는 성부르다. 입력한 조건에 따라 컴퓨터가 선정하는 것은 아니다. 어차피 원로님들께서 심의 결정할 터인즉 어설픈 풋내기에게는 안주면 될 것을….

항간의 시행되는 시상제도는 수도 없이 많다. 모두가 결과에 대한 평가다. 어떤 경우는 큰 상은 경력자에게만, 작은 상은 등단경력이 소정기간 미만자에게만 주기로 구분함으로써 원로대접을 제도화한 경우도 볼 수 있지 않던가. 그것이야 시상하는 운영자들의 뜻이니 제삼자가 왈가왈부할 일은 아니다.

그러나 적어도 한국문화예술위원회의 운영은 좀 더 새로워야 하지 않을까 싶다. "그간의 창작성과, 향후 작품 집필계획, 집필작품 원고 일부를 종합적으로 검토하여(…) 적합한 작가를 시상할 계획"이라고 하면서 실제로는 구태의연하게 제약조건을 붙여놓다니, 수상 성과의 극대화를 기하기 위해서는 그런 꼬리표쯤은 과감히 떼어버릴 용단이 필요하다는 내 나름의 생각이다. 정말 아쉽다. 이 또한 나만의 생각일까.

검은 별은 지고

keyboy의 메일이 떴다. 뜻밖이다. 한 해에 네 번 계절이 바뀔 때마다 어김없이 전해주는 케이프타운 친지의 소식이다. 얼마 전에도 그곳의 초여름 날씨를 보내주었는데 또 소식이 왔으니 왠지 예감이 이상하다.

상상할 수 없는 고난 속에서도 희망을 잃지 않았던 넬슨 만델라가 떠났습니다.

그가 27년간의 수감생활 후 열광하는 대중 앞에 처음 모습을 드러낸 곳은 케이프타운 시청 광장이었습니다.…… 굵은 빗방울이 내리던 날 저는 그곳을 찾았습니다.

대형 초상화가 걸려 있고 쉬지 않고 흘러나오는 추모 음

악과 그의 영상이 저를 울컥하게 하더군요. 흑인들은 춤을 추며 노래를 부르고 있었지만 저에겐 그 모습이 왜 그리도 짠하게 다가오던지요.

메일을 읽고 나니 나도 케이프타운의 정경이 눈앞에 선하게 다가선다. '남아공의 어제와 오늘'이 생각나서 졸저 『늙마의 외도』를 펼쳤다.

앞산(Signal hill)의 전망대에서 구름 한 점 없는 테이블 마운틴의 전경을 마음껏 감상할 수 있었으며, 멀리 바다 속에 가물거리는 로벤 아일랜드(Robben Island)섬을 바라볼 수 있었다.

이 섬은 넬슨 만델라가 27년의 감옥살이 중 18년간이나 복역했던 곳으로 유명하다. …그 명소가 쾌속정으로 30분 거리에서 손짓을 하는 것이 아닌가…. 시간에 쫓기니, 파란만장한 만델라의 일생을 더듬어보며 아쉬운 발걸음을 옮겨야 했다.

감옥에서 풀려난 넬슨 만델라가 백인을 응징하라고 외치는 군중 앞에서 "당신들의 무기를 바다에 버려라."고 설득한 유명한 케이프타운 연설이 귀에 들리는 것 같았다. "흑인은 용서하고 백인은 협조" 하는 화해만이 상생할 수 있는 최선의 길임을 강조하고 있다.

만델라는 아파르트헤이트(남아공의 인종차별정책)와의 싸움에서 승리하자 화려하게 대통령의 자리에 올랐다. 화해와 용서로 흑백의 공존을 실현하고 민주주의를 정착시켰다. 그 거인이 12월 5일 95세의 파란 많은 일생을 접었으니…. 그야말로 '자유를 향한 긴 여정'이었다.

그의 마지막 가는 길을 추모객 7㎞의 인간 띠로 배웅했다고 대서특필이다. 참으로 애석하다. 그의 영전에 나도 「그대 가시는 길」을 바친다.

검어서 쓰다듬고 희어도 안아주니
먹구름 걷힌 들엔 마파람 싱그럽고
따스움 고루 번져서 시름까지 녹이네.

샛별은 사라지고 울음마저 몸부림쳐
용서의 큰 외침은 가슴마다 메아리라
높은 뜻 깊게 새기니 웃음으로 돌보소.

요하네스버그에서 거행된 추도식에는 91개국 정상이 몰려들었다. 온 지구촌이 울었다. 싸우고 미워하던 사람들까지도 한자리에 모았으니 고인이 받은 노벨평화상의 무게가 실감이 난다.

하기는 우리도 자랑거리의 노벨상이 하나 있지. 그것도 같은 평화상이다. 그러나 추도식의 분위기와 그 외침의 메아리는 너무도 다르니, 부러움이 앞을 가린다. 햇볕을 쪼였어도 먹구름만 엉겼고, 퍼다 준 인도주의는 핵개발을 도와 툭하면 불바다로 만들겠다고 저렇듯 으르렁대니….

사심 없는 만델라님의 명복을 빈다. 황천길에 만나는 사람에게도 덕담 한마디쯤을 부탁해본다.

그 당당함이라니

사월의 중턱을 넘어섰건만 때 없이 오락가락하는 꽃샘바람에 오늘도 음산하기만 하다. 그래도 문화의 명소답게 인사동의 오후는 사람들로 붐빈다.

오랜만에 인파에 휩쓸려 한국미술관을 찾아 골목길로 들어선다. 길목마다 걸려있는 현수막의 송천서회전(松泉書會展) 글씨가 눈에 익다. 자그마치 제40회의 회원전이 아닌가. 가슴이 설렌다. 송천 서백이 아니고는 해낼 수 없는 쾌거다. 한 해도 거르지 않고 이어온 글씨잔치이다 보니, 그 스승의 노고와 능력에 찬사와 격려의 박수를 보내지 않을 수 없다.

전시실에 들어서는 순간 입이 딱 벌어지고 말았다. 어느

정도 짐작이야 했지만 전관을 가득 채운 대작들이 그저 놀랍기만 하다. 평생 붓과 씨름을 해온 다부진 사람들의 땀의 결정체라고나 할까. 저절로 머리가 숙여진다. 회원들의 작품 중앙에는 스승의 찬조출품이 빛난다. 농익은 초서체는 마냥 거침이 없다. 글씨를 못 읽더라도 아름다운 흑백의 추상화가 아닌가. '富貴不淫貧賤樂 男兒到此是豪雄(부귀도 탐내지 않고 빈천에도 만족하니 이 경지에 도달한 남아가 역시 호웅이 아니겠느냐)'는 시구로 끝을 맺고 있다. '그 호웅이 바로 나'라며 빙긋이 웃는 듯싶다.

송천 정하건(鄭夏建) 선생은 검여(劍如) 유희강(柳熙綱) 선생의 수제자이다. 스승은 중풍으로 쓰러지고도 초인적인 집념으로 좌수 서를 시작하여 우수 서를 능가하는 경지까지 간 서단의 거목이다. 송천은 그 어려운 시기에 검여서예원을 맡아 삼 년간 보필해드리며, 오묘한 글씨 공부뿐만 아니라 마음을 다스리는 비법을 익힌다. 전화위복이 되는 삶의 역정을 체험하며 내실을 다지게 된다.

그 스승에 그 제자라 할까. 송천 선생은 국전에 출품할 때 입선과 낙선을 거듭하기를 이십 년, 미련하다 하리만큼 끈질긴 그 도전의 대장정 끝에 드디어 특선과 함께 문공부장관상을 타는 기적을 일궈냈다. 그 후 삼 년, 또 한 번 문공부장관상을 거머쥐는 개가를 올린다. 고진감래(苦盡甘來)라 했던가.

나는 젊은 시절에 송천 선생에게 한글을 배우기 시작하다 한자까지 쓰겠다고 덤비기도 했다. 어린 아들들까지 데리고 그의 서실을 드나들기도 했지만 몇 번이나 좌절을 맛보고 말았다. 돌이킬 수 없는 후회와 자괴감마저 가슴을 조여 온다.

하객들의 축사가 끝나자 드디어 사회자가 송천 선생을 앞으로 모신다. 항상 조용하고 흐트러짐이 없는 분이 오늘은 목청을 높여 외치지 않는가. 웅변이라도 하듯 탁자까지 치며 열을 올린다. 하객들도 공감하며 뜨거워진다.

한국에도 한자서원이 있느냐, 간판 글씨가 좋은 데 누가 썼느냐 하며, 외국인 관광객이 더러는 그의 서실을 찾아 올라왔단다. 그러나 한국인은 한 사람도 없었으니 한자교육을 비롯해 문화정책이 크게 잘못되었다고 성토한다. 제도권의 혼탁과 예술계의 난맥도 거침없이 질타한다. 자기가 대통령이 되어야 고칠 수 있단다. 서단의 원로답다.

이제부터는 잔소리, 쓴소리 하기를 마치겠으니 잘들 하라는 격려 겸 당부를 하며 흐뭇해한다. 인사동 골목에서 반백년 송천서회를 지켜온 고난의 발자취를 더듬으며 가슴에 맺힌 응어리를 털어낸다. 울분 반에, 자신 반의 절규요 몸부림이 아닌가.

이삼 일이 지나 오후의 조용한 틈을 타서 다시 전시장에 들러 쌓인 이야기를 나눴다. 조계사의 일주문 현판과 사적비문을 숨을 죽이며 써낸 이야기는 심혈을 기울인 수도의 행적이었기에 듣기에도 가슴이 아리다. 중요한 비문들을 써서 전국에 여기저기 깔아 놓았다. 그의 수명은 백 년이 아니라 수천 년 이어질지니 참으로 큰 자취를 남겼다. 한자를 등한시하는 세대에게는 어찌 기대인들 할 수 있으랴.

한 해도 거름 없는 마흔 번의 글씨 잔치
거목들 길러내고 품격마저 드높여도
선비는 물리려 하나 뒤따를 이 없겠다.

백두대간 구석마다 솟구친 돌기둥에
글자 새겨 엉긴 땀 가슴까지 적셔내니
그 솜씨 익힐 길 없어 뉘라서 흉내 내랴.

건강을 강조하다가 비결을 털어낸다. 매일 아침 인수봉의 기를 받아들이고, 발끝을 자극하려고 때 없이 발가락으로 없을 무(無) 자를 쓴다. 백세전을 한 주기침(朱屺瞻) 노옹의 사진을 바라보며 자신도 백세에 개인전을 열겠다는 다짐을 한다지 않는가. 그때는 소품 하나 꼭 찍겠다고 맞장구를 쳤다.

돌이켜보니, 기왕이면 나도 찬조출품을 하겠노라 맹랑한 제의까지 했더라면 반응은 어떠했을까. 십중팔구, "고맙긴 하나 이제 감상이나 하시죠 뭐…."

나는 그의 백세전을 볼 수 있도록 건강관리나 잘 해보자.

오늘에 보는 선비의 모습

- 원종린 선생님께

원 선생님! 고맙습니다. 『늙마의 외도』 한 권을 보내드렸는데 회신을 두 번, 그때마다 수필선집 『老文學青年의 뒷이야기』를 함께 보내주셨습니다. 한없이 고마웠지요.

선생님의 첫 번째 글은 책을 고맙게 잘 받았다는 일곱 줄의 의례적인 회신이었습니다. 그래도 받자마자, 만년필로 직접 쓰신 원로 선생님의 육필을 처음으로 대하니 그 품격과 정성에 얼마나 감동했는지…. 동봉해주신 책의 표지에 실린 젊은 날의 미남 사진을 보면서 '야아, 그 시절엔 얼마나 멋있었을까' 선망하며 멋대로 상상의 나래를 폈답니다.

그런데 선생님, 놀랍게도 며칠 후에 장문의 편지와 책을 또 보내주셨습니다.

> …먼저 알차고 文學性 짙은 玉著의 刊行을 祝賀드립니다.… 너무 늦어질 것 같아서 먼저 15篇…을 읽었습니다.
>
> 隨筆은 첫째 感動的이고, 재미가 있고 마음의 糧食이 되는 알찬 內容이 들어 있어야 文學性 짙은 글이라고 하는데, 이 교수님의 글은 여기에 꼭 들어맞는 매우 빼어난 隨筆이라는 생각이 들었습니다.…

조금은 걱정스럽기도 했지요. 행여 깜박하시고 또 책을 보내셨을까 하고 말입니다. 책을 또 보내신 것은 깜박 잊으신 것이 아니라, 습관적으로 보답을 꼭 하시는 선생님의 넉넉한 마음씨 탓이라고도 생각해보았습니다.

왜냐하면 원 선생님의 첫 번째 편지는 2월 10일에 쓴 것이고, 두 번째 편지는 몇 편을 읽고 나서 2월 15일에 다시 쓰셨으니 결코 잊어서 보내신 것은 아닐 듯싶습니다.

원 선생님! 선생님께서는 수필문학회의 행사 때에는 꼭 참석을 하셔서 재미있고 구수한 덕담을 해 주시기에 항상 존경스럽고 부럽기마저 했습니다. 그러나 책을 읽기도 힘이 드시리라 짐작이 되건만 정성껏 자세한 글을 보내주시고 늦둥이

소생을 과찬까지 해주시니 몸 둘 바를 모르겠습니다. 정말 고맙습니다.

무명인의 수필이니 별 것 있겠나 하고 한구석에 미뤄둘 법도 한데, 편견 없이 읽고 공감해주시는 것은 겸허하게 마음을 비우고 중용의 미덕을 생활화하는 선비의 길을 가시기 때문이리라 생각합니다. 문사의 품격이 회자되는 요즈음에 후학들의 가슴속에는 자랑스러운 구원의 스승상으로, 올곧은 선비의 모습으로 각인되리라 믿습니다.

선생님, 선생님은 제가 3관왕의 수필가라고 자기소개를 했다는 글을 읽으시고, "… 빼어난 隨筆家여서 4冠王으로 推戴하고 싶습니다.…"라고 농담어린 과찬을 해주셨습니다. 그러나 지금 저의 갈증을 덜어줄 수 있는 것은 칭찬이 아니라 따끔한 채찍이랍니다. 『늙마의 외도』의 나머지 글도 읽어주시고, 이번에는 부족한 점만을 꼬집어 주시는 세 번째 글을 염치없이 기다려도 좋겠습니까.

부디 오래오래 건강하시고, 한국의 문학사에 큰 발자국을 남기시기를 기원합니다.

은행나무의 초대

올해도 가을을 맞아 단풍놀이 길에 나섰다. 청풍의 비봉산, 단양의 도담삼봉을 거쳐 분천과 태백까지 삼도를 넘나들며 백두대간의 속살을 한껏 즐겼다. 아쉬움이 남는다면 가을의 불길이 아직은 설악산 골짝에 머물고 있어 황금색의 정취를 만끽하지 못했던 점이라고나 할까. 그 미진한 마음을 풀기라도 하려는지, 언제나 모임의 분위기를 띄우는 S회장이 농담 반 진담반의 돌발제안을 한다. 재벌아드님을 둔 아버지의 별장에 한 번 가면 어떻겠느냐고.

기다리기라도 했다는 듯이 K영감이 선뜻 대꾸한다.

"좋지요. 그런데 집이 비어 있으니 용문산에 가서 더덕구이

정식을 먹으면 어때요."

"더덕구이, 그거 좋지요."

모두들 환호성이다. 이렇게 뒤풀이 날짜까지 즉석에서 정해졌다.

11월 4일 아침, 용문사를 가려고 모인 자리다. 누군가 초청을 해주어 고맙다는 인사를 하자 대답 아닌 대답을 한다. 자기가 초청을 한 것이 아니라 은행나무가 초대한 것이란다. 하기사 은행잎이 노랗게 물들지 않았던들 용문사까지 가려들지도 않았을 터이지만, 그렇다고 더덕구이의 제안이 없었던들 나들이모임이 이루어지지도 못했을 것. 참으로 겸손한 명대꾸가 아닌가.

용문사는 이름난 천년고찰, 그 이름보다 더 정겨워 길손의 발걸음을 재촉하는 것은 저 유명한 동양 최대의 은행나무 고목이 아닐까 싶다. 그 장엄한 모습은 생각만 해도 절로 머리가 숙어지니 그를 만나러 가는 길은 누구든 가슴 설렌다. 졸시 「용문의 은행나무」의 한 구절도 문득 생각이 떠오른다.

거친 풍상 겪어 와도 늠름하고 고우니
백두대간 지켜낸 품 그 모습 신비로워

태자의 아린 가슴이 노랗도록 물든 건지.

곧은 국도를 벗어나 굽은 길로 접어들면 누구라도 용문사로 가는 길임을 짐작할 만하다. 길가에 줄지어 서 있는 은행나무가 우리를 한결같이 반긴다. 대장 나무의 기라도 받아서일까 잎들이 유달리 실하다. 곱게 물을 들인 노랑빛이 마냥 눈부시다. 푸른 하늘과 어울려 더없이 아름답다.

용문사 산문을 들어서면 빨갛게 불타는 골짝에 감탄사가 절로 터져 나온다. 단풍놀이를 절정기에 하는 셈이다. 날을 잘 잡아주어 더욱 고맙고 기쁘다.

용문사 앞뜰의 약수로 목을 축이고 황홀한 단풍길을 돌아나오니 K영감이 단골집에 예약을 해 놓았다. 물론 지평막걸리를 곁들인 더덕구이의 맛이라니 좌중의 식욕을 한꺼번에 돋우기에 충분하다. 화기에 찬 오찬이다.

양평에는 좋은 유황온천도 있다는 자랑이 나오자, 베풀기를 즐기는 S회장이 자기가 쏘겠다고 다시 돌발제안을 한다. 우리는 얼결에 온천욕으로 피로를 풀었지만, 실수를 또 했다는 S회장의 고백이 나온다. K영감이 오늘은 누구의 날인데 남의 동네에 와서 어쩌자는 것이냐며 펄쩍 뛰어 공연히 폐만 더 끼친 꼴이 되었다고.

어찌 되었건 그런 실수는 자주 저질렀으면 하는 농에 넉넉한 분들 틈에서 즐거운 하루를 보낸 셈이다.

계사년의 단풍놀이는 이렇게 뒤풀이까지 완벽하게 마감했다. 세월이 하도 빨라 걱정이지만 내년의 가을 나들이를 기대하기에는 멀기만 한 듯, 내 이 얄팍한 심사를 어찌하랴.

떠돌이 신세라도 되는 날이면

잠이 달아났다. 겨우 자정을 넘겼는데 어둠과 정적만이 감돈다. 문득 고향의 뒷동산이 떠오른다. 어느 양반댁 큰 묘지가 있어 그 잔디를 미끄럼 타고 놀던 어린 시절이 가물가물하다. 언젠가 고향집을 찾아가 보았으나 그 집은 흔적도 없이 사라지고, 드나들던 길마저 지워졌다. 허무했다.

그런데 얼마 전 실향의 악몽을 연상케 하는 일이 생겼다.

여름호로 『문학시대』 100호가 나왔다. 어려웠던 세월을 딛고 4반세기를 굳건히 버텨왔으니 얼마나 대견하고 자랑스러운가. 그것을 이끌어온 발행인의 감회야 그 어찌 새삼스럽지 않겠는가. 마땅히 100호 기념 축하연을 차릴 만하다.

기념행사를 의논하는 시대시동인들의 모임이 있었다. 행사의 규모를 거론하기 시작하자 문학시대 발간의 어려움과 문제점들이 드러나고 말았다. 놀랍게도 100호를 마지막으로 정리하려다 새로운 변신을 시도하기로 하였다니 하마터면 내가 시문학에 입문한 모지(母誌)가 사라질 뻔하지 않았는가. 참으로 충격적인 사연이다.

평생을 바쳐 가꿔온 문예지가 기진맥진 생존의 한계점에 이르렀으니 숨차게 이끌어온 한 시백의 고뇌가 애처롭기조차 하다. 발행인의 자리를 물려주는 쇄신안까지 나오게 되었다. 올곧은 선비정신과 치열한 문학정신만으로 복잡한 경쟁사회의 물결을 헤엄쳐 나가기란 얼마나 어려운지를 실감한다. 열악한 한국문단의 현주소를 확인하는 것 같아 씁쓸하기 그지없다.

동인들이 특별회비를 걷어보았지만 겨우 기념행사의 준비에나 보탬이 되었을까. 답답한 시백은 주야로 그림을 그려댔다. 지난번의 '건축사업'으로는 큰 성과를 올리지 못했으니 그 경험을 살려 새로 도약하는 100호시대의 발전기금을 마련해 보자는 몸부림이다.

드디어 '문학의 집 · 서울' 지하에는 그림 40여 점이 전시되었다. 주위 문우들의 성원으로 대부분의 작품에 빨간 딱지가 붙기는 했으나 그 정성만으로야 근본적인 대책이 마련될 수는 없지 싶다.

때마침 나는 원종린수필문학상의 작품상을 받았다. 팔순의 고개를 그냥 넘기기가 허전해서 도전해본 것이 수상의 영광을 누렸다. 더 분발하여 남은 열정을 불태우라는 격려의 채찍이다. 그러나 수상 자체가 뜻밖이었으니, 상패에 따라온 부상을 어떻게 쓸지는 전혀 생각한 적이 없었다.

이 귀한 상금을 밥이나 사먹으며 흐지부지 써버릴 수도 없지 않은가. 문학도에게 장학금으로 주거나, 문학 활동의 활성화에 보태야 할 것 같았다. 생각 끝에 빈사상태에 처한 문학시대의 발전 기금으로 써달라고 봉투도 뜯어보지 않고 내어놓았다. 홀가분한 느낌이다.

그 후 101호가 발간되었으니 참으로 기쁘다. 만에 하나 중단이라도 되었더라면 어찌 되었을지. 우리는 문학의 고향집을 상실한 떠돌이 신세가 될 처지가 아니었던가.

나는 얼마 전에 평생회원의 구독료를 송금했다. 허물없는 친구에게 졸라서 그의 사위까지 평생회원으로 끌어들였다. 그러니 폐간이라도 되는 날이면 내가 그 구독료를 환불해주지 않고는 못 견디게 생겼다. 어디 그뿐인가, 내 체면도 말이 아니고, 그 독자의 문인에 대한 인식도 달라질 판이다.

대부분의 문예지는 개인의 헌신적인 노력과 출연으로 이끌어나가는 줄 안다. 그렇다고 결코 그 사람의 사유물이 될 수는 없다. 막중한 책임과 사명을 걸머진 사회적 공기(公器)가 아닌가. 그러니 척박한 풍토에서 문학의 품격을 갖추면서 경영의 합리화까지 도모하기란 참으로 어렵다.

서점 두 곳에서 팔리는 부수가 고작 이십여 권이라는 실토를 듣고 또 한 번 놀랐다. 국가의 문화정책도 획기적으로 달라져야 하겠고, 사회의 인식도, 또 문인들의 자세도 깊은 성찰이 요구된다 하겠다.

새로운 도약을 위해서 우선 급한 대로 책의 체재도 바꿔보고 내용의 충실화도 꾀해야 하겠지만, 안정된 구독층의 확대에도 지혜를 모아야 하지 않을까. 우리 모두가 마음을 모아 정성을 보태보자. 편집자의 분발에 성원과 격려를 보낸다. 먼 훗날 200호의 축하연은 훨씬 성대하게 이루어지기를 두 손 모아 빌어본다.

명성당 할아버지를 모시면서

풍광이 수려하고 아늑한 대모산 자락에 새로 태어난 지도 어언 반백년, 외진 변두리였던 이곳이 서울의 중심축으로 개발되어감에 따라 몇 해 전에 부득이 신축을 했지요.

내 몸에 '종회당'이란 굵직한 글씨의 현판을 붙여주시어 의기충천 새 기분을 만끽하며 보람찬 나날을 보낸답니다. 뿐만 아니죠. 종친이나 탐방객이 찾아줄 때면 얼마나 반갑고 흡족한지요. 대군의 묘역이 유형무화재(48호)로 지정됨에 따라 이곳을 찾는 발걸음도 잦아졌습니다. 울창한 노송에 백설이 뒤덮인 겨울, 진달래, 산수유가 활짝 핀 봄날의 정취가 아니라도 잘 정돈된 수백기의 분묘만으로도 놀랍고 자랑스럽기 그지없지요.

그런데 얼마 전에 놀라운 사태가 벌어지고 말았습니다. 이 평온하고 경건해야 할 곳이 시중잡배들의 싸움터같이 되었으니 저는 순결을 짓밟힌 꼴이 되었고, 그 오욕의 아픔을 잊을 수 없게 되었답니다. 그것도 저를 책임지고 관리하시는 이사장 어른께서 폭력행사로 먹고사는 조직을 동원하셨으니 얼마나 부끄럽고 원통한지요.

검정 양복의 젊은이들 십여 명이 출입문을 가로막고 이사회에 참석하려는 종현들까지 못 들어오게 했으니 말입니다. 옥신각신 몸싸움을 하다 피까지 흘리는 불상사가 벌어지고 말았지요. 이 어찌 명문가의 후손이라 자부하는 분들의 처사라 하겠습니까.

더욱 한심스러운 것은 사기꾼인 양 꼼수 행각까지 연출하시니 이를 어쩌지요. 점입가경이라 할지 말문이 막혔어요. 드디어 마당에서 웅성거리는 많은 종현들 앞에 이사장님이 나타났지요.

"오늘은 이사회를 할 수 없으니 모두들 돌아가세요."

산회를 선포하니 한두 사람씩 자리를 뜨기 시작했습니다. 그런데 본인은 집무실에 간다고 들어와 지하의 회의실로 직행, 문을 잠그다니요. 미리 들어와서 대기 중인 자기 지지파

이사들끼리 이사회를 하자는 것이지요. 배부한 유인물로 대신한다며 설명도 없이 2, 3분도 안 걸려 방망이를 치고 뒷문으로 몰래 빠져나가시다니요. 회의 절차도 안건의 내용도 상식 밖이니 기가 막히네요. 엉터리 결의를 가지고 다음날 대의원총회를 한다니 천하에 이런 모임도 있단 말입니까.

나는 자랑스럽게도 '崇祖惇宗(숭조돈종)'이라는 큼직한 액자를 벽에다 지니고 있지요. 조상을 받들어 모시고 종친들 간의 화목을 돈독히 한다니 종사에 그 이상의 가치가 어디 있겠습니까. 이것이야말로 종중의 존립 목적이요 행동 강령이지요. 실은 나도 이 넉자를 위해서 존재하는 셈이지요. 그런데 막상 이번의 사태를 당하고 보니 얼굴이 화끈거리고 가슴이 울렁거려 견딜 수가 없었습니다.

내 생각 같아서는 숭조, 곧 조상을 위한다는 것은 조상의 제사를 잘 지내고 종사를 돌보는 것이 첫째로 꼽을 일이지요. 그러나 나라 안팎에서 자기에게 주어진 일을 열심히 해서 나라를 위하고 조상의 이름을 빛내는 것도 조상을 위하는 일이지요. 조상을 모신답시고 개입하여 종재나 축내며 파당을 만들어 사욕을 챙기는 것보다야 종무에 종사하지 않더라도 멀리서 지원하는 것이 훨씬 더 칭송할만한 숭조의 모습이 아닐는지요. 제사 때 절이나 열심히 하고 음복주나 거푸 마시면 그것이 숭조의 길이라고 자랑하는 것은 큰 착각이자 오만의 극치가 아닌지요.

그러다 보니 종회의 규약이나 운영세칙마저도 오만과 독선을 조장하고 지켜주는 장치로 변질되고 말았지요. 대의원이 아니면 이사가 될 수 없고, 이사가 아니면 이사장이 될 수 없으며, 이사장이 되기만 하면 마음대로 대의원이나 이사의 자격까지도 좌지우지할 수 있게 되었으니…. 그러니 아무도 쓴소리를 하지 못하고 꿀 먹은 벙어리인 양 이사장의 눈치만 살피며 그 전횡을 묵인하는 수밖에 없겠지요. 밖에서 신선한 물이 들어올 수가 없게 제도적으로 옹벽을 쳐놓았으니 그 물이 썩을 수밖에 없어요.

돈종이란 또 무엇입니까. 종친 간에 화목하여 일치단결 종사에 협력하고, 종중과 종친들의 발전을 도모하는 것이지요. 그러자면 임직원은 모름지기 사심 없이 종사를 처리하여야 하겠지요. 일의 처리에 거짓이나 숨김이 없어야 하고 양심에 부끄러움이 가셔야 하겠지요. 모든 종친들에게 기회와 혜택이 고루 돌아가도록 배려를 해야겠습니다. 마땅히 사심을 버리고 봉사를 해야지요. 종사를 밥벌이의 수단으로 삼거나 종재를 눈먼 재산이라고 챙기기나 하려고 음모와 협잡을 일삼아서는 안 되지요. 자신의 행적을 의심하는 종친이 있다면 적극 나서서 해명을 하고 이해와 단결을 도모하여야지, 종회를 망치려는 '파탄세력'이라고 비난하며 회피하고 배척해서야 종회의 발전은 요원한 일이지요. 공직을 맡으려면 마음부터 비우고 봉사한다는 각오로 임해야 합니다.

제사만 숭조이고 패싸움이 돈종인가
어르신 바로 골라 새바람 일으켜야
그 집안 살림살이가 만세에 번창하리.

주먹으로 가로막고 편들러 숨어들어
방망이 땅땅 치고 뒷문으로 달아나면
뉘라서 그 꼼수 결의 잘했다 칭송하랴.

참신한 생각을 하는 어른을 새로 모셔 들여 구정물에 찌들은 곳을 구석구석 파헤치고 제도의 혁신을 단행하여 퇴폐한 분위기를 일신해주시기 두 손 모아 간절히 빕니다. 새 기둥과 문틀이 길들여지기도 전에 시중의 경로당 같은 분위기로 퇴락하는 것은 참으로 서글프기 이를 데 없습니다. 더더구나 주먹까지 동원하며 으스대는 협잡배의 소굴 같은 분위기는 꿈이라 해도 소름끼칠 일이구요.

새봄에는 마파람 따라 아름다운 꽃동산이 되고, 오가는 분들의 편안한 쉼터가 되어 명성당 할아버님을 비롯해 여러 선조님들을 기쁘게 해드린다면 얼마나 행복할까요.

내 가을은 봄날과 함께

어느새 새벽 공기가 확 바뀌었다. 제법 서늘한 바람이 창으로 밀려든다. 며칠 사이에 이럴 수가 있을까싶다. 금년 여름은 유난히도 더웠다. 태풍까지 몇 번을 휩쓸고 가니 온갖 심술을 다 부린 날씨였다.

그래도 절기의 변화는 오묘하게도 틀림이 없다. 맑은 하늘을 마음껏 바라볼 수 있다니 이 얼마나 행복한가. 세월의 빠름에 놀라고 앞으로 겪을 가을맞이의 기쁨을 헤아려 보며 한탄도 한다.

아프리카의 최남단 케이프타운은 서울과 정반대의 절기를 맞는다. 서울의 가을은 봄이고, 여름은 그곳의 겨울이다. 그런데 계절이 바뀔 때마다 어김없이 그곳 소식을 전해주는 분이 있으니 오늘도 가을바람을 타고 봄소식이 날아들었다.

> 케이프타운과 고국은 서로 상반된 빛깔의 계절이 찾아왔지만 이곳이나 그곳은 연중 가장 달콤한 시간이지요.…… 폭군 같았던 일기는 이곳도 있었구요. 세차게 며칠째 겨울비가 내렸고 싸리알 같은 우박을 뿌리기도 하였지요. 저 멀리 포도원들이 숨어 있는 마을 산정에는 흰 눈도 내렸지요.…… 킬리만자로 산 꼭대기에 내려 앉아 있는 만년설 같은 착각이었으니까요.…… 하루가 다르게 이곳은 따사로운 봄 햇살 속에 묻혀 가고 있지요. 겨우내 오그라들었던 사람들은 집 밖으로 나와 공원과 같은 곳은 왁자해지구요.

날아갈 듯 시원한 선들바람을 품안 가득 안아 들이며 초가을을 반기지만, 한편으론 봄소식에 푹 빠져 색다른 계절의 꿈마저 꾸게 된다.

계절의 차이를 더욱 뚜렷하게 느끼는 것은 초겨울 소식이다. 눈썰매를 탄 산타를 떠올리는 우리의 성탄절에, 땀을 뻘뻘 흘리며 부채질을 하는 여름 산타를 상상하여야 할 지경이니 말이다. 어느 해인가 초겨울에 보내온 여름 소식을 받고 읊어본 케이프타운의 '여름 성탄절' 전문이 생각난다.

뙤약볕 따가웠나 짙푸른 솔가지라
종이 별 반짝이고 은방울 울어대니
썰매 탄 그 할아범은 이 밤도 땀 흘리리.

함박눈 쌓여가는 성탄의 밤거리에
종소린 사라졌고 네온불만 깜빡 댄다
저 너머 임의 땅에도 칼바람 불었으면.

그러다 보면 한 해에 여덟 계절을 맛보며 살아가니 나는 남보다 곱으로 사는 셈이다. 이 또한 크나큰 행운이 아니겠는가.

케이프타운의 사계절을 잊지 않고 알려주는 키보이(keyboy) 메일의 주인공은 김은영 씨이다. 그와의 인연은 십여 년 전에 남아공여행을 갔을 때 현지가이드로 만나게 된 것이 그 시작이다. 해외 건설업에 종사하다 눌러 앉은 아주 성실한 분이다. 내가 해외여행을 하며 만난 안내자는 아마도 수백 명은 될 듯싶다. 모두가 일회용으로 여행을 마치면 잊어버리기 마련인데, 키보이와는 유일하게 인연이 끊어지지 않고 계속해 소식을 주고받는다.

짧은 시간의 만남이었지만 그의 열정과 성실성이 마음에 들었다. 아니나 다를까 잊을 만하면 그가 전해주는 계절의 전령은 너무도 정겹고 아름답게 다가온다. 고국이 그리워 고향의 추억을 뒤섞은 낯선 땅의 사연들이긴 하지만 절절이 내 가슴에 파고든다. 그래서 나도 꼬박꼬박 회답을 보낸다. 그러나 나는 항상 간단한 회답으로 그쳤으니 미안한 생각을 지울 수 없다. 고국의 소식이 더 그립고 자세한 사연에 목마를 터인데 말이다.

이제는 여행자의 안내도 힘에 부칠지 모른다. 좀 더 안정적이고 재미있는 일은 없을까. 한류 붐을 타고 한글과 우리 문화의 전도사로서 그 역할은 어떨까. 그의 감성적인 글 솜씨와 열정을 살린다면 케이프타운의 희망봉에도 소통의 서광은 비칠 듯싶다. 한글 글방과 동아리모임이라도 빨리 생기기를 먼 거리에서나마 빌어본다.

정년(停年)인가 정년(定年)인가

이기수 총장의 정년퇴직이 가까워온 모양이다. 제자들이 기념논문집을 준비하는데, 나에게 하서를 써달라는 부탁이다. 주례도 안서고 학회도 참여하지 않는 골방늙은이 행세를 하는 요즈음이지만, 하서 쓰기마저 거절할 도리는 없지 않은가.

만년 청년교수일 것 같던 그가 어느새 정년을 맞게 되다니 믿고 싶지 않으나 내 나이를 헤아려보면 세월의 빠름을 탓할 수 없다. 오로지 후학들의 교육을 위해 평생을 강단에서 정열을 쏟아 붓고 물러서는 이 교수의 영예로운 퇴진을 충심으로 축하하고, 오늘의 그가 있도록 뒷바라지해준 가족들의 노고와 사랑에 대해서도 감사와 경의를 표하고 싶다. 또 요새

같이 바쁘고 어려운 때에 스승의 정년기념논문집까지 봉정하는 제자들의 갸륵한 마음씀에 찬탄과 칭송을 보내고 싶다.

이 논문집은 받는 분이나 드리는 제자들에게도 고루 보람찬 일이다. 멀고 힘든 학문의 길에 획을 긋는 이정표가 될 것이기 때문이다. 나날이 발전하는 학술의 동산에 길이 빛날 또 하나의 금자탑이 될 것이다. 뒤따르는 후학들이 새겨두어야 할 귀감이 될 것임은 더 말할 나위 없다.

이기수 교수의 발자취를 돌아보면 어느 학자, 어느 정치인의 경력과 업적이 그리도 화려하고 두드러질까. 그의 활동상을 추려보면 다음과 같이 집약할 수 있다.

첫째로, 그는 패기에 찬 영원의 청년학자다. 상법뿐만 아니라 공정거래법, 지적재산권법, 국제거래법 등 폭넓게 연구를 해왔으며, 일일이 열거할 수 없을 만큼 많은 실적을 남겼다. 일찍이 독일의 튜빙겐대학교 법과대학에서 법학박사학위를 받았고, 금년에는 연세대학교를 비롯해서 일본의 와세다대학, 러시아의 상트페테르부르크국립대학에서 명예박사학위도 받았다.

둘째로, 그는 타의 추종을 불허하는 마당발 교수다. 그의 화끈한 성품과 추진력이 여러 학회와 조직의 활동에서 유감

없이 발휘되어 항상 주도적 역할을 감당해 왔다. 현재 관여하고 있는 자리만도 30여 개가 넘으니 가히 초인적 정력이라 하겠다. 특히 많은 제자들을 길러낸 것은 참으로 놀랍고 부럽다. 각 대학에 심어놓은 현역 교수만도 무려 37명이나 된다니, 그의 정성과 능력을 입증하기에 충분하지 않은가.

셋째로, 그는 오래전부터 꿈을 키워온 준비된 총장이었다. 학문 활동뿐만 아니라 대학의 요직을 두루 거치며 많은 경험과 경륜을 쌓아왔다. 총장으로서 대학의 발전에 기여해보겠다는 꿈을 길러온 것이다. 그의 꿈은 총장 자리에서 끝나지 않으리라 확신하기에, 정년 후의 제2모작 인생에도 기대를 걸어본다.

젊디젊은 이기수 총창의 삶은 이제부터 더욱 빛날 것이다. 서쪽 하늘의 저녁노을이 훨씬 아름답고 황홀하지 않던가. 정년은 법이 정해 놓은 제도의 산물일 뿐 결코 활동의 정지를 뜻하는 것은 아니다. 나같이 소극적인 사람도 정년 후 10년의 제2모작 인생을 즐겼거늘, 해마다 평균수명마저 늘어나는 이 좋은 시대에 그 건강, 그 열정, 그 경륜을 자랑하는 인간 이기수의 앞날은 더욱 화려하고 보람찰 것으로 믿어 의심치 않는다.

그의 앞날에 큰 영광과 행운이 깃들기를 기원하며 시조 한 수를 보탠다.

정년의 노래

안암골 큰 호랑이 어느새 정년인가
이 땅 저 땅 넘나들며 큰 공적 일궈놓고
노을녘 빛나는 자태 한결 더 아름답네.

후학들 정성 모아 큰 책을 바치나니
선비의 발자국이 하늘에 돋보이고
꿈 많은 임의 앞길에 밝은 빛 보태지네.

문우의 희수잔치에

명성 있는 기관에서 매월 발간하는 기관지의 수필 란에 한 명씩 수필가를 추천한 적이 있다. 그때 나는 타천에 따라 오기환 선생을 필자로 골랐으니 그는 이미 정평이 난 수필가였다.

동안에다 볼마저 홀쭉하니 그 윤곽의 날카로운 인상은 그의 글에도 배어난다. 오 선생의 수필은 상큼하고 간명하다. 이론에도 밝아서 그 비평도 예리하니 언제나 합평을 주도하기 마련이다. 그러니 늦깎이인 내게는 그저 선망의 대상일 밖에 없다.

그러나 그의 눈매는 부드럽고, 자상한 말투에다 특히 여성들에 대한 과찬과 배려는 남달라 저분이 페미니스트인가 의아해 한 때도 있었다. 그 친화력과 정성이야말로 리더의 필수 덕목일지니 이 또한 본받을 만하다.

또한 개성이 뚜렷한 데다 오랜 공직생활에서 얻은 경륜이 쌓여 때로는 노장답지 않게 야성(野性)이 번뜩일 때도 있다. 조심스럽기도 하나 지성의 모습으로 보아 어려움은 없을 성싶다.

그 어질고 세심한 심성은 장손에의 사랑에서 활짝 꽃을 피우는 것일까. 태석의 이름을 들을 때면 내 손자 녀석을 생각하여 그저 무안스런 생각마저 든다. 따스운 정을 나누는 그들의 사이야 부럽다지만 노력할 것은 역시 내 몫이 아니던가.

나이를 초월한 열정을 마음껏 불태우는 태석이 할아버지의 노을녘을 지켜보며 아낌없는 격려와 칭송을 덧붙이고 싶다.

한생을 봉사하고 문필로 불태우니
약관인 듯 꼿꼿한 노을을 날로 달궈
손자놈 성혼까지야 구구 팔팔 하리라.

황혼주례

나이가 들면서 나는 생활지침으로 몇 가지를 정해놓고 실천하려 애쓴다. 첫째, 차는 적게 타고 많이 걷는다. 둘째, 밥은 좀 부족한 듯할 때 수저를 놓는다. 셋째, 경조사에는 열심히 참석하되 주례는 사양한다. 넷째, 말은 적게 하고 많이 듣는다와 같은 것들이다.

그런데 얼마 전에 3항의 본문에다 '그러나 황혼주례는 예외로 한다.'라고 단서를 붙이는 개정을 하지 않을 수가 없었다.

아마도 주례를 선 숫자는 수백 쌍이 될 것이다. 어쩌다 서른 살 이전 총각 시절부터 주례를 맡은 것이 대학생들과 평생을 지냈으니 제자들의 주례만 해도 헤아릴 수 없다. 그러니 주례의 달인쯤 되었다고나 할까.

근래에 와서 '이젠 졸업을 했다'고 사양하기로 한 데는 몇 가지 이유가 있다.

스스로 나이를 먹었다고 생각하거나 노부모를 모시고 있는 경우는 주례를 사양하는 것이 바람직하기 때문이다. 이웃에 사시던 같은 학과의 원로교수가 결혼식 날까지도 독감이 떨어지지 않아 본인들의 양해도 없이 내가 대리로 주례사를 하기도 했다. 지역 국회의원인 주례가 갑자기 못 오게 되어 하객으로 갔다가 그 자리에 서기도 했다. 그런 경우는 도와준 것이지만, 반대로 못할 일을 한 경우도 없지 않다. 제자의 주례를 마산에서 서기로 했는데, 아버지가 돌아가셨으니 어찌하랴. 변명의 사유는 돼도 그 제자를 떠올리면 평생 씻을 수 없는 죄책감마저 느낀다.

보다 더 중요한 이유로는 신랑 신부의 장래를 위해서 젊은 분들께 그 자리를 양보하자는 뜻이다. 가능한 한 본인들과 오래도록 유대관계를 유지하며 도와주고 돌봐줄 수 있는 사람과 인연을 맺는 것이 좋다고 생각해서이다.

내 경우는 법대 학장이셨던 고병국 선생님을 주례로 모셨다. 그 후 선생님께 평생 세배를 다니며 가까이 지냈다. 이화대학의 김옥길 총장을 찾아가서 추천을 해주신 덕분에 총장 인터뷰도 생략하고, 그도 학기가 끝나가는 11월 3일자로 취임발령을 받았던 것도 잊을 수 없는 일이다.

하나 더 이유를 내 세운다면, 결혼식장 분위기의 경박화이다. 주례사가 끝나면 흔히 사회자가 장난 비슷한 놀이를 하는 경우를 보게 된다. 하객들 앞에서 입맞춤을 하라, 구두에 술을 부어 들이켜라, 팔굽혀펴기를 열 번 이상 하라는 등 신랑 신부는 물론 하객들에 민망한 짓을 강요한다. 그것이 재미있다고 즐겨들 하니 도저히 참을 수가 없어 뛰쳐나오고 만다. 그래서 시종 엄숙한 분위기를 유지한다는 약속이 나의 주례 승낙의 조건이 된 셈이다.

지난여름의 일이다. 친목모임의 회장으로부터 어느 회원이 재혼을 하는데 가까운 사람들이 모인 곳에서 축사를 하는 것이 좋겠다기에 그만 승낙을 했다. 그 후 초혼인 신부를 위해 꼭 결혼식을 거행하겠으니 주례를 맡아달라는 것이 아닌가. 평생 해온 주례사의 틀을 바꾸지 않을 수 없었다.

대개 내 주례사는 축하의 인사말, 신랑신부의 소개, 인생 선배로서의 당부, 백년해로의 기원으로 끝을 맺는다. 그러나 이번의 경우 신랑은 왕년에 전주이씨대동종약원의 청년이사로 명성을 날렸고, 사업에 성공하여 다방면으로 활약하는 양

평의 유지인데다, 칠순을 넘겼으니 인생살이는 내가 되레 배워야 할 처지였다. 신부는 그보다 젊었으나, 오랫동안 교육과 사회활동에 헌신하여 온 이천의 여류 명사이니 당부의 말이 어울리지 않을 것 같다. 고심 끝에 주례사의 핵인 당부 부분을 빼기로 했다.

그 대신 그들의 용단을 칭송하기로 했다. 젊은 사람들도 결혼을 늦추거나 독신생활을 즐기려는 것이 오늘의 사회풍조가 아닌가. 결혼을 해도 아기조차 낳을 생각을 않는 판국에, 황혼기에 동반자를 찾아 새 보금자리를 꾸민다니 그 용기와 현명함을 높이 평가하지 않을 수 없었다. 초고령화사회로 들어선 마당에, 앞으로 2, 30년의 노을녘을 얼마든지 화려하게 장식할 수도 있지 않겠는가 생각한다.

축하와 간절한 기원의 뜻을 담은 시조 한 편을 낭독하고 주례사를 맺고 말았다.

아늑한 오두막을 위하여
— 규일과 정애의 합례에 부쳐

묵은 신랑 젊은 신부 둥지를 새로 틀어
음양의 순리 따라 다른 세월 밝히려니
노을은 한껏 붉어서 황홀한 세상이라.

강 너머 일꾼에다 마파람의 손잡이
두 고장 소통하며 꿈일런 듯 몸 던지니
걸음도 한결 더 힘차 아뜩한 집 일으키리.

"감사합니다."

나의 맺음말이 떨어지자마자, 객석에서 누군가가 외쳤다.

"주례 따봉!!"

이어서 모두들 박수를 쳐대니 엄숙했던 분위기가 확 바뀌고 말았다. 새로운 활력을 찾아 오래오래 행복하기를 거듭 기원하며 식장을 나섰다. 하늘도 축복을 하는 양 한층 더 맑은 듯했다.

3.
마음 비우며

땀방울 훑어내며 긁어모은 잡동사니
비워야 가볍건만 욕심은 가슴 그득
아무리 털고 버려도 등짐은 천근이네.

갈 길은 먼데

얼마 전에 우리 문단의 큰 별이 가셨다. 내 스스로 3관왕의 수필가라고 너스레를 떨었다는 나의 글을 읽으시고, "빼어난 수필가여서 4관왕으로 추대하고 싶습니다."라는 농담기 어린 과찬을 주셨던 원종린 선생이.

오늘은 특히 가슴이 아려온다. 다시는 그의 '노문학청년의 뒷이야기'를 들을 길이 없어 아쉽기 그지없다. 그분이 노문학청년이라면 나는 이제 막 유년기를 벗어난 어린이다. 그러니 이 노문학소년은 아무리 생각해도 마음이 급해진다. 어쩌랴, 길은 멀고 험한데.

성실한 농사꾼의 늦둥이 외아들로 나는 태어났다. 막연하지만 공부를 열심히 해야만 떳떳하게 산다고 생각했다. 여주에서 농업중학을 다니면서도 법학을 해야 출세를 할 것이란 꿈을 키웠다.

뜻이 있으면 길이 있다 했던가. 다행히도 법과대학에 들어갔고, 무애 서돈각 선생님의 눈에 들어 상법 교수의 길로 나섰다. 석사학위를 받자마자 바로 강단에 올라 성균관대학에서 정년퇴직을 하기까지 상사법 연구에만 전념했다. 1998년 8월에 퇴직하고, 다음해 4월부터 일본의 나고야경제대학 전임교수로 옮겨 앉아 10년간 강단생활을 연장하며 명예교수까지 받는 행운을 누렸다. 이 행운 역시 좋은 인연에서 비롯되었다.

1980년 여름 벨지움의 어느 호텔 식당에서 일본인 관광객 모리(盛) 씨와 우연히 자리를 같이했다. 서둘러 식사를 하면서 명함을 나누고 헤어졌다가 몇 해 후에 서울에서 다시 만남이 이어졌다. 그런 인연으로 나는 자연스레 일본말을 배우게 됐다. 조금씩 귀가 뚫리니 재미도 났다. 나는 코리아를 대표하는 민간대사라는 마음으로 만나는 일본사람들을 성심껏 대했다. 모리 씨와의 인연의 싹은 자라 정년퇴직 후 2모작 인생으로 이어질 줄이야 어찌 상상이나 했으랴.

방학 때만 집중강의를 하니 여유롭게 해외여행도 할 수가 있었고, 또 설익은 기행문을 쓰다 보니 문단의 말석에 발도 들여놓게 됐다. 딱딱한 법전만 뒤적이던 사람이 문학이라니. 전혀 생각도 못했던 인생유전이다.

『수필문학』으로 등단을 하고 보니 처음으로 만난 수필가가 당시 편집부의 우부장이다. 내 글의 기틀을 잡아준 고마운 분이다. 반백년을 써온 법률논문은 감성의 개입을 전혀 용납하지 않는다. 객관적인 자료에 의거해서 논리에 어긋남이 없는 구성으로 자기주장을 펼쳐나가야 했다. 그래서 각주는 객관성과 타당성의 담보이기도 하여 빠질 수 없는 요소다. 나는 아직도 법률논문의 투를 버리지 못해 엄청 고심한다. 하루라도 빨리 그 굳은 껍질을 깨고 내 상상의 나래를 활짝 펴서 감성의 하늘을 날아야 하는데.

얼마 후 소소리사에서 우연히 만난 분이 상남 시백이다. 『시창작의 이론과 실제』란 책을 보아도 시를 쓰기가 어렵다고 하니 빙그레 웃으신다. 내 수필 「지팡이」를 대충 훑어보시더니 몇 마디 적어놓는다. 15매를 채우느라 몇 날 밤을 지새우며 몸부림쳤는데 몇 자 되지 않는 시가 훨씬 더 내 마음에 와 닿지 않는가. 언어의 마술이었다.

수필이 아니면 그려내기 어려운 부분도 있다. 그러나 시는 그 구성이 간단한 만큼이나 이 또한 어렵지 않은가. 시집을 네댓 권은 내어야 한 시인의 구실을 한다고 하니 아직도 내 갈 길은 멀기만 하다. 더구나 어둡고 모호하다. 알듯하면서도 손에 잘 잡히지 않는다. 어떤 시는 어려워서 도무지 이해를 못한다. 또 산문인지 시인지 구분도 제대로 못할 글이 있다고 투정을 부리니, 어느 날 시조의 틀을 일러주신다.

3장 12구의 정형성이 부자유스럽고 까다로울 수는 있겠다. 그러나 시 창작이 뜬구름 잡는 듯 어렵게만 여겨진 초심자에게는 틀에 맞춘다는 것만으로도 얼마나 대견하고 편하며 또 재미있는지 모른다. 옛 선비들이 남긴 시조들을 더러 배웠고, 대중이 즐기는 가요들도 같은 틀의 것이 많으니 우리들의 정서에 꼭 맞는 전통적인 가락이 어쩌면 쉽게 느껴졌는지 모른다. 일본에 가서 TV를 틀면 하이구(俳句)를 공부하고 보급하는 프로그램을 흔히 볼 수 있다. 글자의 수가 5·7·5로 엄격하게 제한되어 있다. 너무 짧고 엄격하여 어렵고 재미는 없을 듯싶다. 그러나 그들의 자부심과 열기는 대단하다.

그 누가 황혼의 길이 더 아름답다 했던가. 갈 길이 멀고 험한데 나로선 숨이 차오른다. 뒤늦게 들어선 길이니 누구를 탓할까 만은, 사람들의 입에 오르내리는 명품시조 한 수라도 남겼으면 한다. 그것도 노욕일까. 그게 어렵다면 시조의 대중화에라도 남은 열정을 쏟아야 하지 않을까. 행복하게도 반짝이는 창의와 끓는 열정으로 식어가는 내 가슴에 기름을 부어 주는 분이 있어 나는 오늘도 무지갯빛 꿈에 취해 살아간다. 가슴 벅찬 3모작 인생길을 나름대로 나는 달린다.

힘들 때면 92세에 시를 쓰기 시작한 시바다(柴田) 도요 할머니를 생각하기도 한다. 99세에 내놓은 처녀시집이 100만 부를 훌쩍 넘어 일본 열도를 달궈냈다. '구지께나이데(くじけないで, 약해지지 마)'를 외치는 할머니의 목소리가 힘차게 내 가슴을 친다.

가는 길 힘들어도 노을은 아름답다
서녘 말 콧노래가 마을마다 울려 퍼져
오늘도 약해지지 마, 내 가슴을 달구네.

늙마의 외도도 할 만하구나

- 수상소감

고희도 한참 지나 뜻하지 않게 문단에 발을 들여놓았다. 막상 들어와 보니 글쓰기가 무척 어려운 것 같았다. 뿐 아니라 경력이 화려한 대선배들이 그득하고 수상도 여러 차례 경험한 대가가 부지기수니 기가 죽어 쪼그라들 판이었다. 그런데 내게도 수상통보를 해주다니….

강단생활 50년에 법률 관련의 상이라곤 받아본 적이 없는데, 등단 7년 만에 이렇듯 상을 받게 되다니 꿈만 같다. 더없이 기쁘고 고맙다. 스스로 만족할 수 없는 작품으로 문학상의 꿈까지 노리다니 지나친 노욕이 아닌가 싶어 부끄럽기조차 했다. 그러나 평소에 존경하던 그분의 나에 대한 격려도 생각이 나고, 공정하게 평가를 받아보고 싶은 내 오기도 발동을 하여 도전을 했다. 참 잘했다 생각한다.

등단하던 그 해에 문인들을 따라 해외심포지엄에 참석했다. 시드니 문우들 앞에서 차례가 돌아오자 나는 "저는 3관왕의 수필가입니다"라고 소개를 했다. 첫째는 '최근'의 등단 작가, 둘째는 '최단기'의 천료작가, 셋째는 '최고령 신인'이었기 때문이다. 원종린 선생님은 내 수필집 『늙마의 외도』를 읽고 문학성 짙은 좋은 작품이라고 칭찬도 하시며 '4관왕의 수필가'로 추대까지 해주셨다.

이제 팔순에야 첫 상을 받으니 아마도 '최고령 수상자'라는 5관왕이 되지 않았나 싶다. 고인의 뜻을 받들어 부지런히 더 글을 쓰라는 격려의 채찍으로 받아들인다. 시인 시바다(柴田) 도요 할머니의 말대로 기죽지 말자.

나로선 '대상'에 도전을 하려면 최소한 13년의 세월이 더 필요하다. 건강관리는 물론 더 열심히 쓰자. 이 꿈마저 이루어진다면 6관왕의 수필가로 등극을 하게 될 것이니, 늙마의 내 외도도 즐길 만한 것이 되게.

문사의 길

나는 며칠 전에 수필집 「늙마의 외도」를 엮어내면서 증정할 문인들을 골라 발송하는 일을 출판사에 맡겼다. 문단의 사정을 잘 모르는 풋내기 수필가이니 도리가 없었다.

2005년에 수필이 무엇인지도 잘 모르고 주위 분들의 배려로 얼결에 등단을 한 셈인데, 문단에 발을 들여놓고 보니 문사의 가는 길이 그렇게 즐겁기만 하거나 쉬운 것만은 아닌 것 같다.

평생 법률논문만 쓰고, 주로 상법교과서를 주고 받아온 그 동리의 관행에 젖어 있었기 때문이다. 내용면에서 법률문장은 객관적이고 논리가 정연한 글이라야 하니 감성적이고 창의적인 상상력을 동원해야 하는 수필과의 차이는 두말할 필요도 없었다. 수필을 알면 알수록 쓰기가 힘들어진다. 거기에다 법과대학의 교수생활에서 몸에 배어버린 버릇을 깨기도 더 힘들지 않은가.

법률교과서는 주로 학생들에게 팔아야 하니 출판사는 담당교수에게 채택교섭까지 해야 하고, 저자로서는 자기 책을 보고 인용을 해주면 고마워할 처지이다. 그러니 책을 쉽게 받아보는 교수들의 처지에서는 고마움마저 별로 못 느끼기 쉽다. 출판사에서 전하는 경우에는 저자의 서명 대신 증정본이란 도장이나 찍는 것이 보통이다. 특별히 예의를 갖춰야 할 경우라도 손쉽게 집히는 볼펜으로 서명을 하기만 하면 되었다. 그러니 저작물을 주는 때나 받는 때나 무덤덤했다고나 할까.

문단의 관행은 너무도 다르다. 매달 쏟아져 나오는 책들이 하나도 같은 것이 없다. 피를 짜내는 듯 힘든 작업을 거쳐서 모은 글들을 자비로 출판하여 제발 좀 읽어달라고 직접 우송까지 해야 하니 말이다.

나는 문사다워지기 위해서 원로 시인의 충고를 받아들이기로 했다. 문우들에게 만이라도 예의를 갖추기로 했다. 정년퇴직을 하면서 윗분들의 서명이 있는 책을 처분할 때 고충을 느껴온 터였기에 나는 서명을 안 하기로 작심한 지 오래인데 이를 깨트렸다. 그 대신 출판사에서 마련해주는 화지(和紙) 쪽지에 서명을 하되 원하면 뗄 수 있게 살짝 붙여 놓는 묘안을 찾아냈기 때문이다.

문제는 책을 받은 때이다. 애써 보내준 책을 받았으면 응당 고맙다는 인사를 하는 것이 문사의 도리인데, 그것도 결코 그리 쉬운 일이 아니다.

한 원로 사백의 문사론(文士論)에 의하면, 나는 5류 문사가 되기도 어렵겠으니 어찌하랴. 감사의 뜻을 전하는 방법이야 가지가지다. 연필이나 붓으로 정중한 회답을 하면 1류 문사이고, 펜이나 만년필로 하면 2류 문사, 볼펜을 사용하면 3류 문사, 전화로 직접 말하면 4류 문사, 5류 문사는 이메일로 간편하게 처리하고, 무응답의 경우는 6류 문사에 해당한다.

나는 책을 읽어 보지도 않고 전화기를 들자니 조금 쑥스럽게 느껴지고, 다 읽고 하려다간 여러 날 걸려서 책을 받은 것조차도 잊기 쉽다. 그러니 메일이 있으면 간단한 축하말로 인사를 대신하고, 메일 주소를 모르면 마음속으로만 인사를 하고 마는 것이 버릇이 되었다.

문단의 선배들 중에는 책을 보내주면 장문의 감상을 써 보내오는 분도 있고, 화선지에 붓으로 쓴 작품을 보내주시는 분도 있다. 격려의 뜻과 그 정성이 고마워서 더러는 회답의 회답을 보내기도 한다. 이번에도 원고지 3매에 만년필로 쓴 편지를 받았다.

이범찬 博士님께

祝賀드립니다.『늙마의 外道』잘 받았습니다.

…선생님의 수필집을 처음부터 끝까지 다 읽고 나니 어떤 어른인지 알겠습니다. 다 읽었다는 말씀은 수필이 잘 읽혀졌기 때문에 다 읽은 것입니다.

..... 한국의 수필들이 모두 輕수필이기 때문에 어설픈 신변잡기에 그친 경향이 있는데 선생님의 수필은 重수필로서 工夫가 된다는 뜻입니다.

「도비들의 숙명」「알혼섬 지킴이」「준비된 文字」「증서 한 장 의미」「남아공의 어제와 오늘」등 小生도 읽고 공부 많이 했습니다.

특히 성춘복 선생이 인정하셨으니 그 권위가 한 계위 올라간 것입니다.

…『海東文學』을 한 권 보내드리니 目次를 보시고 괜찮다 싶으시면 수필 한 편 보내주세요….

1류급 문사의 정성어린 글이라 생각되어 도리 없이 이 글로나마 회신을 대신하기로 했다. 그래도 나는 메일로 회답을 보내는 5류 문사밖에는 되지 못하겠으니 어찌하랴. 혜량을 바랄 뿐이다.

어쩌면 나는 5류 문사가 아니라 사이비(似而非)문사일지도 모른다. 글을 쓰는 도구나 재료를 가지고 운운하는 것은 품격과 예의를 갖추자는 뜻에서 비유를 한 것이라 생각한다. 어찌 문사가 갖춰야 할 덕목이 품격과 예의뿐이겠는가.

우리나라의 선비정신은 세계에 자랑할 만하다. 그 철학을 몸소 생활화한 언행일치의 훌륭한 선현들이 많이 있다. 오늘을 사는 문인이라면 본받아야 한다고 생각한다. 정의와 명분을 위해서는 목숨을 초개같이 버린 충신도 있고, 부귀를 탐하지 않고 초야에 묻혀 청빈의 생활을 즐긴 선비나 죽음을 각오하고 쓴소리를 거침없이 토로한 문사를 얼마든지 찾아볼 수 있건만, 나는 그런 정의감도 기개도 없는 졸장부다. 밖으로 외치기는커녕 내 마음속에서조차 허욕을 버리고 분심을 털어내지 못하니 올곧은 문사의 길을 걷지 못하고 있다. 언제까지 문사인 척하다 말 것인지….

몇 년 전의 일이다. 교토에 간 김에 나보다 꼭 20세 위인 일본인 친지 오까마쓰(岡松) 옹을 만났다. 자기는 편지를 쓰기도 힘이 드니 혹 회신을 안 하더라도 오해하지는 말라고 당부를 한다. 이제야 그분의 말을 이해하며 홀로 쓴웃음을 짓는다.

오늘도 이 글을 통해서 나의 6류 문사 처신을 변명하며 공개사과에 대신할 궁리만을 하고 있으니…. 나야말로 구제불능의 엉터리 사이비문사임을 한탄하지 않을 수 없잖은가.

붓이 두려워

꽃보다는 잘생긴 돌이 내 마음을 더 사로잡는다. 다양한 색깔의 그림보다 단색의 검정 글씨에 나는 더 쉽게 눈길을 빼앗긴다. 그래서 젊은 날에는 돌도 몇 점 모아보았고, 서예도 배워볼까 기웃거렸다. 어쩐지 글씨를 잘 쓰는 사람은 더 믿음직하고 존경스럽기조차 했다.

대학에 들어가자 교양과목으로 철학개론을 수강했다. 원로 박종홍 교수의 진지한 표정과 그분의 글씨는 지금도 잊히지 않는다. 흑판에다 집 家(가) 자 한 자를 써놓고 시작하는데, 글자 획이 마음에 들지 않는지 몇 번이고 지우고 고쳐 쓴다. 참으로 명강의에 명필이다.

뒷날 나도 강단에 서게 되자 그 흉내를 냈다. 그래서인지 내 강의도 꽤 인기가 있었던 편이고, 글씨도 잘 쓴다고 딴에는 자부를 했다.

대학원 석사과정을 마치자 운 좋게 국민대학 강단에 섰다. 야간부 학생들은 대부분 나보다 나이가 많았다. 고급장교나 사회에서 중견으로 활약하는 노장들이 그득했던 시절이다. 스물여덟인 동안의 총각 강사가 당당히 강의실 분위기를 휘어잡을 수 있었던 비결도 그 글씨였다. '주식회사의 업무집행기관'을 한자로 멋지게 써놓고 시작을 하니 글씨에서 제압을 당해 조용해질 수밖에….

내가 가까이했던 일본의 상법학자들도 대개 글씨 솜씨는 없었다. 증정본에 서명을 하거나 연하장을 우편엽서에 직접 써서 보내면 그들의 콧대를 쉽게 꺾을 수 있었다. 평생 글씨의 덕을 많이 본 셈이다.

하지만 강단에서 그렇게 당당한 나도 방명록 앞에 다가서면 왠지 쪼그라들어 기를 못 폈다. 지금은 행사장이나 결혼식의 접수처에서 대부분 볼펜이나 사인펜을 사용하지만 2, 30년쯤 거슬러 올라가면 거의 붓으로 서명을 했다. 붓만 들면 이름 석 자 쓰기가 왜 그리 힘이 드는지….

방명록에 이름을 쓸 때 떨지 않으려고 한자 서예를 시작했다. 일찍이 송천(松泉) 서백을 만난 것은 다행이었으나 가까이 두고도 이런 저런 핑계로 여가가 생길 때를 기다리다가 오늘까지 이르렀다. 시간과 노력을 미련하리만큼 투자해야겠으니 실행하기가 쉽지 않았고, 이제 와서는 만시지탄(晩時之嘆)이나 하는 수밖에…. 어쩌다 그를 만나 하소연을 하면 빙긋이 웃으며 "감상이나 하시죠." 한다. 더 할 말이 없지 않은가.

글씨는 쓰는 사람의 인격을 나타낸다고 했던가. 그래서 송천의 글씨를 남달리 좋아했다. 그가 써주는 체본 외에는 절대로 모방해서는 안 되는 줄로 알았다. 그러다 성균관대학으로 옮겨 앉으니 낯선 글씨체를 만나게 된다. 국문과 김구용 교수의 비틀리고 찌그러진 듯한 글씨를 주위에서 그렇게도 좋아하고 있으니 그 분위기 속에서 글씨를 배울 수도 없었다.

정통 서예가의 작품성과 예술가의 창의성은 별개의 것임을 근자에 와서야 터득하게 되니, 작품에 따라 감상의 눈이 그렇도록 다르지 않은가. 서예의 멋은 역시 한자에서 찾아야 한다. 한자문화권에서 수천 년간 이름난 명필들의 개성미 넘치는 글씨체가 태어났고, 우리가 자랑하는 추사체도 그 하나다.

한편 이 한자에 비하여 한글은 무척 단조롭다고 생각해 왔다. 그러나 한글만큼 보기에 아름답고 배우기 쉽고 쓰기에 편한 독창적인 문자가 또 어디에 있는가. 가장 예술친화적인 문자라 하겠다. 면밀히 따져보면 지금 번져나가는 한류 열풍의 밑바닥에는 한글의 독창성이 뒷받침되고 있다. 미술뿐만 아니라 산업, 건축, 디자인 등 폭넓게 활용되어 그 우수성이 입증되고 있지 않은가.

수천 년 묵은 글자 쌓여온 틀도 많고
붓 끝에 엉긴 먹물 번질까 두려워서
내 이름 석 자 긁기를 그렇게도 겁을 냈나.

새로운 스물넉 자 예쁘고 쓰기 쉬워
세상을 밝히려고 곳곳에 퍼져가니
누구나 좋아라 하며 웃음꽃을 피우네.

서명도 한글로 하면 떨려서 위축될 걱정을 하지 않아도 된다. 붓놀림이 얼마쯤 손에 익으면 개성 있는 글씨모양을 보여 자랑할 수도 있다. 나만의 틀이 잡히기만 하면 편하고 의젓하고 아름다우며 실용적인 글씨체로 특성 있는 필적을 남길 수도 있다.

아버지는 어쩌라고

근자에 들어와 뉴스 외에는 TV를 잘 안 본다. 드라마도 한두 번 넘기고 나니 흥미도 잃어버리고, 나의 남은 시간을 생각하면 꼭 바보상자에 매달리는 것 같아 아깝다.

그런데 지나간 설 연휴에는 지루하리만큼 시간이 남아서 우연히 채널을 돌리다가 시선을 빼앗기고 말았다. 설 특집으로, '아버지가 미안하다'는 드라마였다. 아버지가 왜, 무엇이 미안할까.

늙은 부모는 온갖 궂은일을 다 하며 여러 남매를 기르고 공부시켰다. 공부 잘하는 장남에게 정성을 더 쏟았을 것은 당연하다. 장남은 유능한 변호사가 되어 부잣집 데릴사위로 들어가니 명절에도 가족과 함께하기가 어려웠다. 공부 못한 차남이나 딸들은 저마다 생각이 다 다르고 불만이 가득 찼다. 특히 명절에는 화목은커녕 부글부글 집안이 끓어오르기 마련이다.

엄마의 가사도우미 일이 창피하고, 퀵서비스를 하는 늙은 아빠도 혹 사무실에서 맞닥뜨릴까 조마조마하다는 것이다. 같은 말이라도 위험하고 힘이 드니 쉬라는 것이 아니라 부끄러우니 그만두라는 내용이다. 자식들에게 부담을 준다고 심장병까지 숨겨가며 몸이 부서져라 주야로 애 쓰는 아버지에 대한 철없는 시각인 셈이다.

드라마의 허구가 아니라 내 집안 분위기를 이야기하는 느낌이니 감회가 새롭다. 반세기 동안에 우린 너무도 놀라운 발전을 하였고 그 삶 또한 풍요로워졌다. 전쟁의 공포와 폐허의 참상을 체험하지 못한 자식들 세대는 생각이 다를 것은 어쩌면 당연할지도 모른다. 그래도 실망하지 않고 "아버지가 미안하다"며 덮고 넘어간다. 내 가슴 속에 또 다른 아버지상이 각인되는 순간이었다. 아버지로서의 삶이 이렇게도 무겁고 고달픈 여정일까.

미안하다고 하는 극중 아버지는 내 아버지보다 훨씬 인텔리다. 나의 아버지는 당신의 이름 석 자도 못 쓰는 농사꾼이었다. “내게도 조금만 글을 가르쳐주었어도 그 수모를 당하지는 않았을 텐데….” 하는 탄식을 수없이 들으며 나는 자랐다. 저 세상에 계신 아버지가 아시면 애써 글공부시켜 놓으니 애비 망신시킨다고 크게 노하실지도 모른다. 그래도 우리 부자는 호흡이 잘 맞아서 아버지는 땀 흘려 땅을 파고 자식은 열심히 책을 읽었다.

성장해서 알았지만, 나는 광평대군의 17대손이다. 정치세력의 판도변화에 따라 가문의 성쇠가 뒤바뀌는 것은 흔하게 있었던 일이다. 종친도 때로는 살아남기 위해서 각처로 뿔뿔이 헤어져 숨어들었을 것이다. 내 할아버지들도 그렇게 살길을 찾다 보니 여주 가업리에다 자리를 잡고 대를 이어 농사를 지으며 살아왔다. 이 작은 마을에서 나는 차남의 늦둥이로 태어났다.

장자 독식의 시대였으니 내 아버지가 세간을 날 때는 초가삼간이 전 재산이었단다. 하지만 성실하게 농사를 지어 남부럽지 않게 집안을 일구어냈다. 오로지 아들의 장래를 위해서 재산을 모았다. 살아 계실 때는 당연한 것으로 알았는데, 돌아가시고 나니 고맙고 죄송한 마음이 갈수록 더해진다.

아버지가 고희를 넘기도록 결혼도 취직도 못한 불효자식이었으니 잔치 한 번 해드리지 못한 것이 한이 된다. 대학원에

다닐 때였던가, 기특한 생각을 어떻게 했던지, 단 한 번의 효행으로 기억된다. 생전 고향 땅을 벗어나보지 못한 분이니 바다 구경을 시켜드리기로 했다. 인천 작약도로 모시고 가서 회 한 접시를 사드렸다. 아마도 처음으로 맛보시는 생선회였을 것이다. 그 자리에서도 나보고 더 먹으라고 권하시던 그 모습이 아직도 내 가슴을 쥐어짠다.

나는 아버지를 원망한 적도 없고 부끄럽게 생각한 적도 없다. 대학 입학시험 때 면접용 조서에 존경하는 인물의 기재난이 있어서 '링컨'이라 적었다. 그 밖에 별로 아는 인물도 없었거니와 링컨을 존경한다면 좋은 평가를 받을 것 같아서였다. 대학에 들어가니 학생등록카드에 또 존경하는 인물난이 있다. 설마 입학을 취소하랴싶어 '이창하(李昌夏)'를 적고 괄호 속에 '우리 아버지'라고 주를 달았다. 지금도 나는 떠나가신 아버지를 존경한다.

그 소박하고 성실한 아버지를 가슴에 묻고서 그에 질세라 자식들의 행복한 장래를 빌며 삶의 기틀을 마련해주느라 나름대로 열심히 살아왔다. 그런데 이제 철이 들만도 하건만 그 녀석들의 생각은 엉뚱하다.

어릴 적에 함께 놀러간 추억거리도 없고, 운동화가 구멍이 나도록 안 사주었고, 남들이 하는 과외도 시켜주지 않았고,

담임선생 접대도 안 했으며, 왜 큰형에게만 신경을 써주고, 왜 나만 미워하고…, 막내에겐 재학 시절에 아반테까지 사주었으며… 등등 사 남매가 저마다 불평불만이 가득하다.

하기는 크게 속 안 썩이고 자라주었으니 그것만도 고맙기는 하다. 그러나 소통과 배려가 없는 부자간이 된 셈이니 나는 실패한 아버지가 아닐까.

이제 와서 어쩌란 말인가. '아버지가 미안하다' 할까, '아버지는 서글프다' 해야 할까, 딱히 할 말이 없다.

윗물이 맑아야

오늘의 발전을 있게 한 또 하나의 큰 별이 가셨다. 철강왕 박태준 회장의 빈소에는 조문객이 줄을 잇는다. 종합제철소를 일궈낸 공적보다도 축재를 하지 않은 그 청렴이 더 존경스러웠던 게다.

사람은 공과가 있게 마련이니 한쪽만 보고 매도하는 것은 옳지 않다. 북의 속내를 꿰뚫고 남쪽에나마 나라를 세우고 자유를 지켜낸 대통령, 잿더미가 된 황무지에 기적을 낳게 한 대통령의 동상 하나 제대로 못 세우는 풍토도 안타깝다. 그분들은 자신이나 측근의 축재에는 관심이 없었기에 나 또한 존경한다.

역대 대통령을 비롯해서 고위직에 있었던 지도자들이 대부분 치부의 덫에서 벗어나지 못하고 많은 추문을 남긴 우리의 현실이 가슴 아프다. 매일 쏟아져 나오는 뉴스가 비리와 부정축재, 폭력과 철면피로 채워지니 답답하기 이를 데 없다. 그래서 윗물이 맑아야 아랫물이 맑다고 했다.

옛날이라고 어찌 세상살이가 깨끗하기만 했을까만 그래도 청렴하기로 소문난 선비들이 더러는 있었다. 맹사성, 황희, 박수량은 널리 알려진 청백리다.

박수량은 38년이나 벼슬살이를 한 고위직 관리에 이름난 대학자다. 그러나 집 한 채 남기지 못 하고 세상을 뜨니 초상조차 치를 수 없었다. 뿐만 아니라 비석을 세우지도 시호를 청원하지도 말라는 유언까지 남겼다.

당시 예관이었던 대사헌 윤춘년의 주청에 따라 명종 임금은 비석을 내린다. '청렴한 수량의 이름은 이미 세상에 알려진 지 오래이다' 하며, 본인의 유언에 따라 비석에는 한 글자도 쓰지 못하게 하되 '백비'라고 부르게 했다. 그리고 오랜 세월이 지난 후 순조 임금이 정혜(貞惠)라는 시호를 내렸다. 지금도 장성군 황룡면에 가면 봉분 앞에 꽂힌 백비를 볼 수 있어 옷깃을 여미게 한다.

벼슬의 한평생에
집 한 칸 못 남기고
마음마저 비우면
명예인들 소용없어
산천이
다 내 것인데
부러울 게 있으랴.

임금의 깊은 속내
흰 돌에 배었거니
세상이 다 아는 일
글자 없다 못 읽을까
올곧은
선비의 기품
온 세상을 밝히네.

언젠가 김삿갓의 묘소를 보고 내가 죽은 후에도 상돌은 넓적한 바위면 좋겠고 혹 누군가 비석이라도 세워준다면 족하겠다는 생각을 한 적이 있다. 그러나 박수량의 백비를 보면 내 이름 석 자만 박힌 돌기둥도 과만하다는 생각이 든다.

크게 나쁜 짓은 하지 않았노라 자부한다지만 혹 자신의 사익이나 자식들의 뒷바라지에만 정신을 쏟지 않았던가. 아버지의 지극한 사랑을 받았고, 나도 그렇게 애비의 도리를 다

하려고 분명 기는 썼다. 그러니 남을 위해서 애쓰고 베풀기가 쉬울 리는 없었을 터. 공과 사를 엄격히 구분해 처신하려면 이기심부터 털어내야 한다. 그것은 곧 마음을 비우는 일이다. 마음을 비우기란 머리로는 쉽겠지만 실제로 행하기란 범부에겐 참으로 어렵지 않겠는가.

어느새 팔순의 마루턱에 올랐다. 어쩔 수 없이 윗물이 된 셈이다. 맑은 아랫물을 위해서는 윗물을 맑게 걸러내야 하겠으나 그것도 내 스스로의 몫이니 이를 어찌하랴.

잠긴 화장실부터

몇 해 전 고속도로변 휴게소의 화장실에서 세계화장실협회 이름으로 붙은 홍보쪽지를 보고 별난 협회도 다 있구나 생각했다. 그런데 그 협회의 본부가 우리나라 수원에 있다지 않은가. '미스터 토일렛(Mr. Toilet)'이라고 불리던 고 심재덕 세계화장실협회 초대회장의 열정이 결실을 맺어 우리나라가 화장실문화운동의 종주국이 되었다.

대소변은 더럽기에 누구나 기피하고 소홀이 취급하기 쉽다. 오죽하면 사돈집과 뒷간은 멀어야 한다는 말까지 나왔을까. 그러나 요새는 사돈집의 위상도 뒷간의 시설도 확 바뀌었다. 집 밖에 멀찌감치 있던 화장실이 방안으로 진주했고, 원시적인 상태로부터 디지털화의 진화를 거듭해 왔다. 이제는 외면하고 싶은 곳이 아니라 접근하고 싶은 곳, 휴식이 있는 문화공간으로 탈바꿈했다. 남양주시의 피아노화장실도 그렇다. 하수방류수를 이용하여 인공폭포와 화장실을 만들어 아이들의 체험현장, 가족들의 나들이장소로, 새로운 테마공원으로 선보였으니 말이다.

화장실이야말로 문화의 척도라 할 수 있다. 사람은 음식물을 먹어 영양을 섭취하고 찌꺼기를 그만큼 배설해야 살아간다. 그러나 먹을거리를 찾기에 급급했던 처지에선 배설에까지 마음을 쓸 여유가 없기 마련이다. 중국의 오지나 미개발국으로 여행을 하다보면 해우소를 찾았다가 걱정을 풀기는커녕 되 안고 나오기가 십상이다. 다급한 손님을 상대로 관리비를 챙기는 경우도 흔히 보게 된다. 씁쓸하지만 어쩌랴.

아직도 전 세계 인구의 40%가 수세식화장실 없이 생활하고 있고, 이로 인해 연간 200만 명이나 수인성 전염병으로 사망한다고 한다. 그러니 화장실은 해우의 곳을 넘어 인류의 생명을 지키는 성소가 되어야 하지 않겠는가.

한류열풍이 온 세계를 달궈대는 요즘 우리가 자랑할 만한 것이 어찌 한두 가지라마는 나는 공중화장실을 꼽고 싶다. 동시에 수십 명을 수용할 수 있는 현대식 화장실을 다른 나라에서 찾아보기란 쉽지 않다. 수원 광교산 입구의 '반딧불이 화장실'은 한국 화장실문화운동의 상징이 됐다. 수원월드컵경기장의 축구공화장실은 또 어떻고. 이를 본뜬 화장실이 브라질 혼도니아주 빌례나시 시민광장에도 건립될 만큼 명성이 높다고 한다.

심 회장은 화장실 혁명이 인류의 미래를 바꾼다는 신념으로 세계 최초의 화장실박물관 해우재(解憂齋)를 건립하면서, 화장실문화의 선진화를 주도했다. 그 결과 현재 남아공 등 아프리카 4개국과 라오스, 캄보디아 등 아시아 7개국의 24곳에 '사랑의 공중화장실 건립사업'을 벌이고 있다니 흐뭇하기 이를 데 없다.

때마침 빌게이츠 부부가 설립한 재단이 독일 정부와 손잡고 제3세계의 화장실 개선운동을 벌이고 있단다. 화장실을 지어주는데 그치는 것이 아니라 보다 근본적인 연구를 추진하고 있다. 물로 씻어 내릴 필요가 없는 건조식 화장실과 배설물을 전력으로 변환시키는 에너지 생산형 화장실을 연구하고 있다고 한다. 참으로 꿈같은 일이다. 화장실의 대혁명이 기대된다.

그러나 그 꿈의 실현은 요원한 것, 그보다 시급한 것은 우리들의 의식혁명이 아닐까. 누구나, 어디서나 화장실만큼은 자유롭게 사용할 수 있는 권리를 인정할 일이다. 그것이야말로 삶의 기본적 욕구에 대한 인도적 배려가 아니겠는가. 이기적인 마음의 문을 열고 화장실의 문을 활짝 열어보자.

나는 화장실만 생각하면 삭막했던 젊은 날의 미국생활을 떠올린다. 씁쓸한 추억이다. 뉴욕에 간 지 석 달쯤 되었을 때다. 배가 못 견디게 아팠다. 한국인 의사의 주선으로 부르클린에 있는 큰 병원에서 진찰을 받기로 했다. 약을 주며 집에 가서 자고, 그 약과 많은 물을 마시고 아침 아홉시에 다시 오라는 말만 겨우 알아듣고 돌아왔다. 영어가 서툴렀으니 관장약을 먹고 빈속에 장내시경검사를 한다는 것을 알아들을 리 만무하고, 그들도 자세한 설명해주기를 포기했을 것이다.

이른 아침 지하철로 한 시간쯤 달렸을까, 화장실이 급해졌다. 간신히 참고 도로변의 어느 빵가게에 들어서며 화장실 좀 쓰자고 했다. 영업 준비를 하던 가게 주인도 아침부터 어이가 없었던지, 화장실이 고장 났다고 퉁명스럽게 거절을 한다. 하는 수 없이 진땀을 흘리며 병원까지 다시 달려갔다. 지금 같으면 참지 못하고 도중에 큰일을 저질렀을 게다.

그 다음날 잠시 통증이 덜해지자 서울로 날아와 맹장수술을 하고 돌아갔다. 그리고도 지금까지 살아있다니 기적이요 크나큰 축복이 아닌가.

공중화장실도 내 집 화장실같이 깨끗이 사용하고, 내 집 화장실도 손님을 위한 서비스로 생각하며 기꺼이 제공하는 발상의 전환이 필요하다. 우리가 앞장을 서서 사람을 위한 격조 높은 화장실문화의 꽃을 지구촌 구석구석에 피우기를 기대해 본다.

임진년의 10대뉴스

임진년도 꼬리를 감추려 하니 신문마다 선정한 국내, 국제 10대뉴스가 시선을 끈다.

"금년 한 해 자기의 10대뉴스를 적어 보세요."

수필 강좌를 담당한 선생님이 내주신 다음 주 시간의 숙제다. 사람마다 지나온 발자취를 되돌아보며 중요한 일들을 다시 생각하다보면 새해에 할 일도 찾아내고 새로운 각오도 하게 되기 때문이다. 그뿐이랴. 문인답게 기록을 하는 습관을 붙이라는 주문도 숨겨있으리라.

탁상용 달력을 뒤적이며 날짜 밑에 간단히 적어 놓은 메모를 본다. 어느 날은 시간만, 어떤 칸은 시간과 장소만 적혔으니 그날 그 장소에 왜 갔는지도 모르겠다. 이렇게 부실한 메모는 기록의 가치마저 반감된다.

12장을 넘기며 골라보니 21개가 된다. 문인단체의 연수나 국내 나들이는 제쳐놓고 열 개를 골랐다.

추억으로 남을 해외 나들이가 세 번이다. 3월의 4박 5일 야꾸시마(屋久島) 탐방은 가장 힘든 도전이었다. 고희 기념 산행으로 백두산 외륜봉 종주를 할 때 탈진을 경험했다. 다시는 무리를 하지 않겠다고 다짐했건만, 수령 7,200년의 조몬스기(繩文杉)를 만난다는 욕심에 장장 11시간 반의 행군에 또 도전을 했으니 산수 기념치고는 너무도 무모했지 싶다. 4월의 10박 11일 동유럽 일주와 12월의 3박 4일 나오시마(直島) 미술관 탐방은 뜻 맞는 문인들과의 즐거운 나들이다.

금년에는 윤달이 들어서 많은 집안에서 조상묘의 이장을 했다. 나도 부모님의 합분을 종중에서 마련한 묘역으로 옮겼다. 먼 훗날을 생각하고 저지른 고뇌의 결단이다. 부모님께 간절히 빌었다.

임진년 윤3월 22일 불효자 범찬은 아버님 어머님 신위 전에 삼가 고하나이다. 자손 만 대를 위하여 종중의 새로운 묘역으로 옮긴 것이오니, 너그럽게 용서해 주시고, 새 집에서 편히 영면하시옵기를 기원하나이다. 이에 간소한 제수를 드리오니 강림하시와 흠향하시옵소서.

문학과 관련된 것을 고르지 않을 수 없다. 가장 정성을 기울인 기행수필집 『발길 따라 물길 따라』의 발간이다. 어느 문예지의 연암 기행 수필문학상 공고를 보고 서둘러 여행 관련 글들을 정리한 것이다. 도전한다고 만사가 성취되는 것은 아니다. 아마도 마지막 기행수필집이 될 듯해서 광고까지 내며 홍보를 했으나 그 효과는 나타나질 않는다. 글이 말하는 것이지 홍보가 구매를 자극하지는 못한다. 연암이 언제 「열하일기」를 광고했던가.

9월 8일에 원종린수필문학상(작품상)을 받았다. 허전한 마음에 행여 추억거리가 되지 않을까 싶어 『늙마의 외도』를 보냈다. 고인이 생전에 읽어보셨으나 칭찬만 하시고 상은 안주셨다. 가신 뒤에 상을 받으니 쑥스럽기도 하고 떼를 쓴 것 같아 죄송한 느낌마저 든다. 상이 별것도 아닌 것을, 다시는 기웃거리지 않기로 했다.

10월 6일에 의성 탑산온천을 방문했다. 우리나라 씨름계의 대부 격인 김태성 회장의 지원을 받아 '오우문학회' 문우들이

탑산공원길에 '문학의 길'을 명명하면서 길가에 각자의 문학비를 세우기로 했다. 준공과 선포식을 앞두고 김 회장이 병석에 눕게 되자 해를 넘기고 말았다. 무한정 미룰 수 없어 병문안 겸 공사 현장을 확인하러 다녀왔다. 빨리 완쾌하셔 그렇게도 소망하던 씨름공원과 씨름박물관이 이룩되기를 기원하며 새해를 맞는다.

11월에 '문학신문'이 배달되었다. 12월부터 3개월 과정의 문학강좌를 신청하라는 광고가 실렸다. 나는 문단에 발을 들여 놓은 지 여러 해가 되었지만 한 번도 문학 강의를 들어본 적이 없는 엉터리 문인이다. 수필이나 시에 관한 이론의 정립이 안 되었으니 나의 취약점이다. 그것을 용케도 파악하고 잊을 만하면 신문을 보내와서 내 아킬레스건을 건드린다. 더 늦기 전에 들어보자고 결단을 내렸다. 아마도 '문학창작예술원' 중퇴가 나의 최종학력이 될 듯싶다.

12월 끝자락에 또 하나의 일을 저질렀다. 문인화 공부를 하기로 했다. 시인들의 동아리 행사로 새해에 시화전을 연다니 걱정이 될 수밖에. 그림도 곁들여 자작시를 써야 제격인데 남의 손을 빌리자니 품격이 떨어진다. 괴테도 "사람은 많이 쓰기보다 많이 그려야 한다."고 했다. 그림을 모르고 미의 포인트를 찾아낼 수 있단 말인가. 늦었다 생각될 때가 이른

때라고 했던가. 계사년에는 그림 공부에도 열을 올려야 할까 보다.

하나 더 기록할 것이 있다. 4월에 제자들을 초청해서 점심을 나눈 일이다. 나는 어머니, 아버지의 회갑도 고희도 그냥 넘겼고, 여행 한 번 모시지를 못한 불효자이다. 그래서인지 우리 내외도 잔치 한 번 못하고 지나왔다. 강단생활 50년에 많은 제자가 생겼으나, 따져보니 대접만 받았지 베푼 것이라곤 생각이 나지 않는다. 마침 생일도 지났기에 점심 한 그릇이라도 함께 나누며 옛이야기의 꽃을 피우고 싶었다. 석사는 제쳐놓고, 박사과정만을 기준으로 해도 30명이 넘는다. 바쁜 처지에 많이들 시간을 내어주어 즐거운 한때를 보냈다. 새해에도 초대할 생각이다.

이제는 체력이나 기억력이 하루가 다르게 떨어지는 듯싶다. 창작을 위해서도 생존을 위해서도 기록을 생활화하는 수밖에 없다. 새해에는 더욱 활기차게 움직이며 상세한 기록을 남겨 계사년의 10대 뉴스는 훨씬 더 보람찬 것으로 채워보련다.

내 식솔의 안팎

친구네 집에 걸려있는 가족사진을 볼 때면 아마도 그게 부러웠던 모양이다. 우리도 사진 한 번 찍자고 조르기를 수십 년, 드디어 오랜 숙원을 푼 셈이다. 거실에 큼직한 가족사진을 걸어 놓고 흐뭇해하는 그 표정이라니.

가족의 화목을 도모하고 우리도 젊은 모습을 서로의 가슴에 새겨 넣으리라 마음먹었지만 그 사진 한 장 찰칵하기가 그렇게도 어려웠다. 젊어서는 내 일손이 바쁜데다가 기념사진 찍을만한 겨를도 없어, 그럭저럭 몇 해를 지나니 손자 손녀들의 일과가 이만 저만한 게 아니었다.

임진년 올해는 집안의 대장인 나도 팔순을 맞았다. 잔치를 떠벌릴 형편은 못되지만 오랜만에 점심이라도 함께 나누자니 명분이 좋았다. 마침 막내의 세 식솔도 미국에서 돌아왔으니 절호의 기회가 아닌가.

사진사의 재치 있는 유도와 합성기술로 멋진 사진을 뽑았다. 우리 안팎과 큰아들, 막내아들의 내외와 손자, 그리고 아직도 짝을 찾지 못한 둘째 아들과 셋째인 딸이 그 모두다. 장남의 딸 중에 하나는 미국에, 하나는 고3이라 빠졌다.

그러니 내가 거느린 식솔은 아홉인 셈이다. 두 사람이 만나 아홉으로 늘려놓았으니 나는 조상이나 국가에 대해서도 도리는 다한 성싶다. 아들딸 두 놈의 짝을 마저 채워주지 못한 짐은 아직도 남았지만.

자식의 결혼은 부모의 짐이다. 그 짐을 내 아버님껜 칠순이 되도록 지워드렸다. 나는 그 불효를 면하려고 두 번째 만난 여자와 무조건 결혼을 하고 말았다.

서른이 되어 대학의 전임강사 발령을 받자 결혼이 급선무가 되었다. 하숙집 아주머니가 약대출신의 아가씨를 소개했다. 전화가 귀했던 시절이니 서로 여러 통의 편지가 오갔다. 그런데 호사다마라 했던가. 6개 월 만에 전임직을 버려야 할 사태가 생겼다. 호의적이던 여자는 내가 실직을 하니 자신이 없다며 물러섰다. 자존심이 상한 나는 주고받은 편지를 모두

교환하며 결별을 선언했다.

그러자 대학동창이 자기 동생을 소개해서 두세 번 만난 후 결심을 굳혔다. 늙어가는 부모에 대한 도리를 다하기 위해서다. 결혼을 한 후 바로 군대의 문제가 해결되어 다시 강단에 복귀할 수 있게 됐다. 여자의 약삭빠른 계산과 남자의 성급한 결정이 몇 달만 미뤄졌더라면 첫 번째 만난 그 여자와 결혼을 하여 내 일생이 또 달라졌을지도 모를 일이다.

그런데 우리 집 노총각인 둘째는 교수님으로 수백 명을 만났어도 필이 제대로 꽂히지 않는다며 마냥 느긋하니 팔순의 애비에 대한 도리 같은 것은 추호도 없나 보다. 이것도 세대의 차이일까.

딸놈은 또 어떻고…. 제 오라비는 저보다도 훨씬 어린 여자만 만나려 드는데, 저는 자기와 비슷하거나 손아래가 더욱 좋다니, 이를 어쩐담…. 이렇듯 두 놈 다 영원한 평행선을 달리며 홀로 행복을 찾다 말듯 하는가 싶다.

서울시가 최근 발표한 '통계로 본 서울 남성의 삶'을 살피면, 35~49세 사이의 미혼 남성은 근자 20년 동안 10배나 늘었고, 여성의 경우는 6.4배 늘었다 한다.

결혼에 대한 시각도 문제다. 꼭 해야 한다는 남성이 20.7퍼센트인데 비해 29.8퍼센트가 선택사항일 뿐이라고 하니 말이다. 일본에서 노후 빈곤과 고독사(孤獨死)의 증가를 염려한다는 것이 결코 남의 일 같지가 않다.

이번에 찍은 사진을 넉 장 더 만들어 하나씩 나눠주었다. 그런데 누구도 집에 걸어놓을 생각을 안 한다. 호적에서 가(家)의 개념이 사라졌으니 젊은 애들의 가슴엔 가족에 대한 애착마저 희미해진 것인가. 아니면 늦게까지 버티고 있는 자신의 모습이 보기가 싫어서일까. 설마하니 자랄 때 싸우고 매 맞던 기억이 떠올라 안 보는 게 오히려 편해서일까. 어느 것 하나 내 생각으로는 용납이 안 된다. 소통이 안 되고 배려심이 없는 가족 간의 벽을 확인이라도 하는 것 같아 씁쓸하기 그지없다.

식솔들 옹기종기 모여 앉은 사진틀
형제들 사이 좋아 공경하며 사랑하는
화목한 집안 이루면 거칠 바가 없겠네.

살기가 팍팍하여 짝 맞춤도 힘이 드나
눈높이 조금 낮춰 텃밭을 가꿔 가면
어려움 쉽게 풀리어 너나없이 좋겠지.

가족사진을 바라볼 때마다 저런 사진을 다시 찍는 날이 또 오기를 기대해본다. 내 식솔의 수만 늘어날 것이 아니라 상호간의 넉넉한 배려와 따뜻함으로 더없이 화목한 가족이 가꾸어지기를 바라본다.

노을이 더 짙기 전에

문단의 생리와 분위기도 잘 알지 못하면서 발을 들여놓았다. 엉터리문인인 셈이다. 합평을 하는 동아리모임이 있는지도 전혀 몰랐다. 이름난 원로문인들은 저마다 이끌어가는 모임이 있지 않은가. 그 속에 끼어있는 것으로도 자부심들이 대단하다. 어떤 사람은 우쭐대기까지 하니 나 같은 늦깎이로서는 기를 못 펼 판이다.

이 외톨이의 처지를 동정해서였던지 입회를 권하는 바람에 모 문학회에 들어갔다. 몇 번 동인지도 함께 냈다. 그동안 새로 들어온 사람과 나간 사람이 여럿이다. 생활의 중심지가 멀리 떨어져서, 하는 일이 바빠져서, 더러는 거동이 어려워져서, 혹은 그 어느 누가 싫었던지 뚜렷한 이유 없이도 떠나갔다. 곰곰이 생각해보니 나도 정리를 해야 할 때가 되지 않았는가 싶었다.

얼마 전에 아주 큰 충격을 받았다. 3, 4개월 전까지도 모임에 나왔던 정 회장이 몸이 불편하다며 계속 보이질 않았다. 오지 말라고는 하나 안갈 수도 없어 몇몇 회원이 병문안을 간다기에 나도 따라나섰다.

평소에도 병색이 있는 얼굴이긴 했으나 사람이 그렇게 갑자기 망가질 수가 있을까. 좁은 병실에 차례로 들어가 손을 잡고 이름을 대며 알겠느냐고 물어댄다. 내 차례가 되어 손을 잡았으나 기가 막혔다. 마른 손, 노랑물이 든 피부, 그야말로 피골이 상접이니 차마 말을 건네기조차 애처로워 그만 나오고 말았다. 복도에서 서성거리다 돌아설 때는 다시 들어가 인사도 안하고 발걸음을 옮겼다.

사흘 후에 비보가 날아들었다. 차라리 병문을 안 갔더라면 옛 모습의 좋은 인상이라도 지닐 수 있었을 텐데…. 고인에게도 내게도 의미가 없는 문병이 아닌가싶다. 나 혼자만의 비정한 생각일까.

요즘에는 창작의 의욕도 기력도 다달이 떨어지는 느낌이니 내 주변 생활의 고리를 정리해야겠다고 마음을 다잡는다. 그렇다고 인연이 끊어지는 것도 아닌데….

오 회장님께

정말 죄송합니다.

지난달에도 못나갔고, 이달에도 부득이 마산을 가야 하겠기에, 이렇게 메일로 제 뜻을 전하오니 혜량해 주시기 바랍니다.… 그동안 즐거운 날들을 보냈습니다.

이제 제 처지가 수필문학 활동을 하기가 힘들어졌습니다. 지난번 정 회장의 일은 너무도 큰 충격이었고, 나도 주저하지 말고 모임의 고리를 정리해야겠다는 결심까지 했습니다. 세월에 이길 장사 없다고, 몸이 달라지는 데는 도리가 없습니다.

…젊은 회원들이 더 들어와서 그 이름 영원히 지속 발전하기를 진심으로 기원합니다. 회장님이 다른 회원님들께는 제 뜻을 잘 전해주시기 바랍니다.….

글줄 끝에다 졸시 '겨울 나그네' 한 수를 덧붙여 보냈다.

서녘엔 노을 질어 지는 해 바빠지고
고향 찾는 철새들 그 울음도 처량하니
나도야 저물기 전에 봇짐 쌀까 하노라.

노을녘의 오솔길

고희를 한참 넘기고 다른 길로 입문했으니 나 자신도 전혀 상상하지 못했던 일이다. 애초엔 시골의 신설 농업학교에서 비지땀 흘리며 실습장을 드나들던 농학도가 어쩌다 법대에 진학을 하게 되었고, 대학원을 수료하자 운 좋게도 대학 강단에 올라 정년퇴직을 하기까지 평생을 논문과 씨름을 하며 살아왔다.

법대 11회 동문들이 회갑기념으로 글 한 편씩을 써내기로 하여 수상집 『학지(鶴志)』를 출간했다. 「나는 친일파인가 보다」란 글이 내가 처음으로 써본 수필이다. 성균관대학에서 퇴직을 하자 다음해부터 일본의 나고야경제대학에 취직이 되어 10년의 법학교수생활이 연장된다. 다행히도 방학 때를 이용하여 집중강의를 하기로 했기에 학기 중에는 해외로 여행을 즐길 수 있었다.

사진밖에 남는 것이 없다고 열심히 찍어온 사진이 몇 달 후에 보니 분별하기조차 어려웠다. 그래서 추억을 더듬기 위해서도 여행기를 쓰기 시작했다. 내가 쓴 황산의 기행문을 읽어본 양화백이 권해서 뜻밖에 수필문단에 발을 들여 놓게까지 되었다. 등단을 하고 나서 보니 수필이라고 붓 가는 대로 쓰는 글이 아님을 알게 된다. 신변잡기가 문학작품으로 승화하기에는 피나는 수련이 기다리고 있지 않는가. 수필은 알면 안 만큼 쓰기가 더 망설여지게 되니 이를 어쩌랴.

등단하면서 바로 기행문집 『지구촌의 여정』을 엮어냈다. 여행안내서 수준의 글들이다. 다음해에 수필집 『원숭이 목각』을 또 겁 없이 내고, 이어서 『늙마의 외도』까지 펴내게 된다. 만족스러울 리 없다. 냉철한 이성과 논리를 앞세워야 하는 법률문장에 길들여진 신세가 아니던가. 부드러운 감성과 상상이 동원돼야 하는 수필이고 보니 쓰려고 해도 이미 몸에 밴 법학의 틀을 깨트리기라 만만치 않았다.

그렇듯 쓰다 보면 한층 더 감성적인 시도 또한 써보고 싶은 욕구가 생기니 이를 또 어찌한다냐. 수필이나 제대로 쓰라고 충고를 하는 분도 있었으나 달아오르는 내 욕구를 스스로 억제할 수는 없었다. 결코 시의 운율이 산문을 쓰는데 장애가 될 것 같지는 않았다. 그러나 시를 써보려 해도 전혀 소양이 없으니 엄두가 나지 않는다. 『시창작의 이론과 실제』란 책을 구하여 읽었으나 너무 어려웠다.

우연한 기회에 상남 시백을 만나 시작의 실기부터 시작하게 되었다. 열기를 북돋워주는 바람에 첫 시집 『바닷바위의 노래』에 이어 『시클라멘을 마주하고 앉으면』을 내게 되었다.

시집을 네댓 권은 내어야 시인이 된다고 들었지만 시가 무엇인지는 점점 모르게 되니 이를 어쩌랴. 산문과 구별할 수 없는 장시도 있고, 자기도취의 넋두리인 양 도무지 이해하기 어려운 것도 있어 더러 투정도 부리니, 웃으시며 정형시를 써보라 하지 않는가.

우리의 옛 운율인 시조는 조상들로부터 물려받은 고유의 정형시다. 학창 시절에 더러 외워도 보았으니 친숙하게 느껴지기도 한다. 3장 12구로 정형화되어 퀴즈 풀 듯 빈 칸을 채워나가면 된다. 마음대로 구사하지 못하는 까다로움은 있으나 그 점이 오히려 편하고 묘미도 있어 보인다. 우리 전통 가요의 구조가 대개 3·4 또는 4·4조이니 시조의 운율은 우리의 정서와 잘 어울려서 아주 자연스럽다. 엄격한 정형성을 강조하는 사람은 초장 3·4·3·4, 중장 3·4·3·4, 종장 3·5·4·3이 되도록 고집하기도 한다.

일본의 하이구(俳句)는 12자의 짧은 시다. 글자 수를 5. 7. 5로 엄격하게 지킨다. 그런데도 일본 사람들의 하이구 사랑과 그 자부심은 대단하다. TV도 앞장서서 하이구의 보급에 힘을 기울인다. 우리 시조는 하이구와 비교하면 몇 배나 길고 여유롭지 않은가.

나는 시조의 묘미에 매료되어 얼마 전에 열을 올리기 시작했다. 시조집 『가을로 가는 나들이 노래』에 이어 지난해 팔순기념으로 『노을녘을 달구며』를 펴낸 바 있다. 그 서시 전문을 여기 적어 내 심경을 풀이하면,

팔십이란 고개턱에 다가와 섰으려니
해는 벌써 서산 넘어 노을로 붉혀대고
갈 길은 아직도 먼데 참으로 숨 가쁘네.

내 고장 안팎으로 여기저기 찾아나서
낯선 풍광 멋진 들녘 가슴에 담으려니
이 벅참 뉘라 감동을 아니할 수 있으랴.

눈 비벼 감성 깨워 밤낮으로 뛰달으며
노랫가락 모아서 흡족할 순 없어도

따가운 햇볕 그리워 세상에 펴놓으리.

앞뒤는 캄캄하고 길은 험해 힘 부쳐도
웬만큼 부추기며 덧기름 부어주니
고마운 분들의 열정 따를 길이 없어라.

반세기란 세월을 훌쩍 넘어 넓은 포장도로로 나서서 앞만 보고 질주해온 인생이다. 무엇을 위해서 그렇게 달려왔나 싶어 돌이켜 보니 노을녘에 와서야 문학이라는 오솔길로 들어서게 되었고, 만추의 정취를 또한 만끽하고 있다. 숲의 네 계절은 어김없이 되풀이되건만 그 속에서 만나고 헤어진 사람들은 각양각색이다. 나라고 어찌 선배에 대한 서운함, 동기생의 배신감, 후배에 대한 애증 따위 여러 감정의 앙금이 없을 수 있으랴 만은, 많은 동문들의 사랑과 협조 속에 무사히 오늘에 이르고 있다. 감사하는 마음으로 내일을 맞이한다.

오솔길에 들어서니 지나온 발자취가 한결같이 아름다운 추억이 되어 노을의 서늘함으로 승화되는 것 같다. 이제는 마음을 비워가며 여유로운 걸음으로 느림의 미학을 즐기고 싶다. 나만의 노을녘 노래를 가락으로 흥얼거리면서 구불구불 휘어진 숲길을 따라가 보고자 한다.

4.
자연의 품으로

황톳길 아늑하고 푸른 잎 싱그러워
마파람 살랑살랑 시름들 흩날리니
엉성한 농막 삼간이 대궐인 양 시원해.

귀향의 꿈

봄꽃이 터질 무렵이면 선비들의 옛 삶이 떠오른다. 지방 나들이를 하다가 관직을 마치고 낙향을 해서 조용히 주변을 정리한 흔적들은 쉽게 찾아볼 수 있다. 전원주택 하나 마련하지 못한 졸장부가 어찌 그분들의 멋과 풍류를 흉낸들 낼 수 있을까마는 내 나름으로 귀향의 꿈을 여태 지우지 못하고 있으니 어찌하랴.

대학의 동창들보다는 고교시절의 친구가 더 흉허물이 없고 편하다고 한다. 팔십을 넘겼어도 어쩌다 이들을 만나면 막말로 놀려대며 곧잘 옛날이야기로 꽃을 피운다. 시골에서 학교를 다니다보니 내 고향친구들은 대개가 12년의 동기들이다.

아직 20여 명 살아있지만 근자에는 전해오느니 충격적인 비보뿐이다. 허무와 우울을 거푸 맛보게 된다. 바둑과 등산을 함께 즐기며 술잔까지도 기울일 수 있는 놈은 그 마저 서넛에 지나지 않는다.

그중의 하나다. 걷어붙인 팔뚝을 보고 나는 깜작 놀랐다.

"야, 너, 팔뚝이 어떻게 그렇게 굵지?"

"시골의 밭을 가꾼 덕이지."

사위의 별장에 붙은 텃밭에서 기계를 들이지 않고 삽과 괭이로만 농사를 지었단다. 노동은 신성하기만 한 것이 아니다. 저렇게 건강까지 가져다주지 않는가. 오랫동안 억눌려온 내 설익은 꿈과 농학도의 향수에 불을 붙여준 것은 바로 그 친구다.

노을이 짙어갈수록 고향 하늘의 저녁이 또한 자주 떠오른다. 정년을 두 번이나 맞고 보니 숨 돌릴 겨를도 여유도 좀 생겼다 할까. 그래서 귀향을 해서 들판이라도 가꿔보려 하나 이제는 힘이 부치지 않은가. 젊은 일꾼의 도움 없이는 엄두도 못 낸다.

어쩐 일인지 농촌이라면 펄쩍 뛰던 장남의 생각이 바뀌었다. 그래서 두 부자가 의기투합, 물려받은 고향의 선산을 개발하기로 했다.

내 아버지는 당신이 묻힐 산을 사서 물려주셨다. 그것을 팔아 없앨 순 없으니 나도 네 자녀에게 고루 물려주었다. 아버지는 그곳에서 영원히 잠드시려 했으리라. 하지만 자식들은 말할 것도 없고, 나마저도 벌초며 산소 관리가 쉽지 않게 되자, 종중의 공동묘역으로 이장을 하는 악역을 맡아 했다. 자손만대를 위하여 옮긴 것이니 너그러이 용서해주시고, 새집에서 편히 영면하시라며 깊이 사죄를 하였다.

그 땅에 나도 무엇인가 보태놓고 가야겠다는 생각이다. 반쯤 밭으로 개간하기로 하고 벌목을 시작했다. 아들은 그 밭에 버섯을 재배하며 유실수도 심어 수익을 올린다는 당찬 셈으로 꿈에 부풀어 있다. 나도 갖은 나무와 풀꽃을 가꾸어 아름다운 동산을 이룩하고 싶었다. 정자도 세우고, 찾아주는 친지들과 함께 시조라도 읊조리자는 전원의 그 꿈은 얼마나 달콤한가.

돌아온 여내울의 으늑한 그 황토내
가신 어른 그 숨결 풀잎마다 풍겨나
그리움 가눌 길 없어 마파람에 띄우네.

참나무 섰던 자리 푸른 동산 일구고
복사꽃 타오르게 날것들 모여드니
한가슴 꿈에 부풀어 드높게 솟구치네.

오랜 세월 꾸어오던 꿈이 드디어 첫발을 내딛었다. 내 귀향의 꿈이 정든 땅에서 펼쳐졌으니, 올해로 우리 부자의 귀농 원년이 기록된다.

농사란 그 반은 하늘이 지어주는 셈인데 올봄은 유별나게 춥고 궂은 날이 많았다. 거기다 산지개발의 규제는 까다롭기 그지없다. 공사 일정이 늦춰져서 애를 태운다. 서둘러 사다 가식을 해놓은 묘목이 기다리다 못해 싹을 틔우는데 심을 자리는 정해지지 않으니 이를 어쩌랴.

뒤늦게 심은 나무는 겨우 잎을 펼치려 하는데 어느새 개망초 엉겅퀴는 꽃대마저 달고 그득하게 솟아난다. 자연을 사랑한다고 자연 그대로 놓아두었다가는 나무가 질식할 것 같다. 새로 사온 호미를 들고 네댓 번씩 찍어보나 한 뼘도 넘게 깊이 박힌 뿌리는 꿈쩍을 않는다. 잡초와의 전쟁은 이렇게 시작되었는데 전사의 갈 길은 험난하기만 하다.

자연 사랑, 나무 사랑을 말로 하기는 쉽다. 그러나 몸으로 직접 옮기려니 허리가 끊어질 지경이다. 힘은 들어도 식물은 거짓을 모른다. 나도 마음을 열고 농심으로 돌아가 새싹들을 길러보리. 흙을 만지며 흙으로 돌아갈 준비를 하는 걸까. 여 내울의 내 노래가 널리 울려 퍼지는 고향의 봄은 정녕 내게도 찾아들 것인지.

닭볶음의 허와 실

고향의 농장을 개발하면서 주역인 장남과 나는 상당한 꿈에 부풀었다. 벌목한 자리에 갖가지 과일 나무를 심고 채소도 유기농법으로 길러 웰빙 밥상을 받는다? 풀숲에 풀어 놓은 토종닭의 신선한 계란도 얻는다? 친지라도 찾아오면 놈을 잡아 닭볶음탕이라도 대접하면 얼마나 맛이 나랴. 마당에서 닭을 붙잡아 목을 비틀던 어린 시절의 추억마저도 떠올린다. 그 꿈은 그저 즐겁다만 허상이 아니던가. 실제로 누가 닭을 잡고 요리를 할지?

뜻밖에도 며칠 전 실제로 그 펄떡이는 닭의 볶음탕을 얻어먹었다. 고모리의 이 교수집에서 경신수련을 하던 날이다. 팔월의 삼복더위가 기승을 부린 셈이다. 정오가 가까워오니 시원한 곳을 찾아 뒤꼍으로 모여들었다. 밖으로 나가 사먹을까, 더운데 차라리 라면으로 때울까 하고 의논을 하는 판이다.

"닭도리탕을 드시죠. 한 마리 드릴게요."

뜰을 서성이던 뒷집의 주인이 우리의 말을 듣다가 참견을 한다.

"닭도리탕 좋지요."

"고맙습니다."

갑자기 닭으로 점심메뉴가 결정되긴 했는데 모두들 어리둥절한 표정이다.

몇 분이나 지났을까. 아주 큼직한 장닭 한 마리를 붙들어 담장 너머로 넘겨주지 않는가. 우리는 초면이지만 이 교수 덕에 대접을 받는 꼴이다. 푸근한 시골 인심에 닫힌 옹졸의 마음도 풀린다.

산 닭이니 놓치면 모두가 허사인데 누가 그걸 처리할까 눈치만 서로 본다. 제일 젊은 총무가 닭을 받아 쥔 채 앞뜰로 돌아가더니 곧 돌아와 목이 축 늘어진 놈을 내던진다. 펄펄 끓는 물에 튀겨 털을 뽑으니 하얀 등살이 드러난다. 도리 없이 요리는 손맛 좋은 오 선사의 몫이다.

밥상에 둘러앉아 한 토막씩 골라잡는다. 나는 목줄기부터

집어 들었다. 그런데 수훈갑의 총무는 왠지 고기냄비를 외면한다.

"왜 안 먹지, 속이 나빠?"

목을 조이던 순간 놈의 눈동자가 떠올라서 못 먹겠다지 않는가. 군에서 평생을 지낸 초로의 시인이 마음이 여려졌음인가. 기가 차다. 하기는 우리 집의 둘째 놈도 어려서 목 비트는 것을 보고 평생 닭고기를 외면하지 않던가.

문득 베트남 최북단 하장(Ha Giang)의 롤로족의 생태가 떠오른다. 그들은 한결같이 동물엔 영혼이 있다고 믿는다. 손님 대접을 하려고 닭을 잡아도 주술사만이 할 수 있다나. 몸을 정결하게 씻고, 영혼을 위로하는 기도를 30분쯤은 한다. 요리도 남자만이 하고, 숲의 신에게 먼저 바친다. 문명을 등지고 자연과 더불어 살아가는 소수민족의 독특한 풍습이다. 순박한 삶의 모습이긴 하나 우리의 생각과는 거리가 아주 멀다.

낚시광인 김 장군이 보다 못해 입을 뗀다. 자기는 밤낮 물고기를 유인해 낚아채는 재미로 사는데…, 펄떡이는 놈의 배를 따고 회도 먹는데…. 창세기 9장 3절을 읽어보라며 설득 겸 변명에 열을 올린다.

"모든 산 동물은 너희의 먹을 것이 될지라. 채소같이 내가 이것을 다 너희에게 주노라."

집에 돌아오자 구약성경부터 펼쳐 보았다. 읽는 사람에 따라 풀이가 달라질 수 있을까.

하지만 불교에서는 벌레 한 마리도 죽이지 말라고 한다. 나는 기르던 닭의 목을 비틀기도 했고, 먹어도 목 줄기부터 찾으니 극락 가기는 다 틀렸는지 모른다. 약육강식을 하며 진화해온 것이 자연 생태계의 섭리이고, 인간 또한 하나 다를 바 없지 않은가. 생명을 존중하는 것은 문화인의 최고 덕목임에 틀림이 없다. 그렇다고 동물만 목숨이 있을까, 길가의 풀 한 포기도 살아 있긴 마찬가지가 아니던가.

비틀 땐 비틀고, 먹을 땐 먹는 것이 보통사람 본연의 모습이 아닐지.

목 비틀어 털 뽑고 끓여낸 닭볶음탕
입맛 당겨 모두들 휘저으며 고르건만
애절한 눈빛 때문에 먹을 수가 없다네.

한 마리 버러지도 죽이지 말란다고
채소며 짐승까지 먹거리로 삼았거늘
목숨이 귀하다 한들 아니 먹고 어쩌리.

돌이라도 살려야

집에 들어서니 거실이 환하다. 흰 화분에 양란의 붉은 꽃이 등불이라도 밝힌 것 같다. 활짝 핀 꽃송이 십여 개가 고르게 솟아 참으로 탐스럽고 화사하다.

꽂혀 있는 리본을 들여다보니 '생신을 축하합니다. 규성이 외가 올림'이라고 쓰여 있지 않은가. 안하던 짓이다. 서로가 생일을 잊고 지낸 지 벌써 여러 핸데. 따져보니 올해가 나의 팔순이라 특별히 축하의 뜻을 전한 듯싶다. 고맙다. 잔치도 생략한 처지에 안 보내도 되는데….

며칠 지나니 걱정거리가 생겼다. 화분에 물을 주기가 어려워서였다. 화분이 하도 크고 무거워서 내 힘으로는 옮길 수가 없지 않은가. 화장실까지는 끌고 가야 물을 뿌릴 수 있겠는데. 자칫하면 티크원목 마루판에 흠집을 내거나 내 허리마저 다칠까 두렵다. 품위 있게 꽃대가 솟은 동양란이나 하나 보내줄 것이지 보기만 화려하고 향도 없는 양란을…. 한편으로는 원망스럽기조차 하다.

생각 끝에 결단을 내렸다. 며칠 더 두었다가 꽃잎이라도 시들기 시작하면 누구에게 줄 수도 없다. 보기 좋을 때 처분하는 거다. 딸에게 가져가라 생색이나 내자.

꽃이 없어지니 그 자리가 텅 비어 허전하기도 하고, 한편 마음 써 보내준 사돈에게 미안한 생각도 든다. 핑계 김에 동양란을 사러 양재동 꽃시장으로 달려갔다. 난을 둘러보다 뜻밖의 보물을 발견했다. 풍란이다.

나지막한 사각화분에 납작한 돌을 세우고 그 꼭대기에 풍란을 세 촉이나 붙였다. 돌도 흰 줄무늬가 여럿 늘어진 명품격의 수석이다. 여러 개의 뿌리가 십여 센티나 내리 뻗었는데 모두 돌을 단단히 부여잡았고, 끝은 연록색이 돌아 아주 튼실해 보인다. 어느 교수의 애장품이 부득이한 사정으로 시장에 흘러나온 것이라는 주인의 설명인데, 참으로 대단한 정성과 기술이 엿보인다. 좀 비싼 듯싶기는 하나 동양란에 비할 바가 아니다. 잘 골랐다는 마누라의 칭찬에 아무에게나

눈에 띄는 게 아니라고 맞장구를 치며 설레는 밤을 보냈다.

그런데 그 즐거움이 길지 않았다. 볼 적마다 물을 뿜어주었는데도 날이 갈수록 생기가 없어지지 않는가. 통통하던 잎의 끝이 조금씩 말려드니 난들 어찌하랴. 자연 상태로 환경을 만들어주는 것이 좋을 듯싶어 정원의 나무 그늘로 비접(避接)을 보냈다.

그러나 2, 3일 후에 내려가 보니 두 잎이나 말라 갈색이 완연하다. 깜짝 놀라 다시 올려 와서 베란다에 내다놓고 널빤지로 햇볕을 가려주기도 했다. 어찌된 일인지 오히려 더 심하게 마른다. 다시 거실로 옮겨 가습기까지 틀어주며 신경을 쓰나 시름시름 병색이 짙어만 가니 가슴이 아리다. 말라가는 잎을 바라보고 있노라면 내가 말기암 판정이라도 받은 듯싶다. 후회막급이다.

방법이 없을까. 풍란의 기구한 일생을 위로하며 보상받을 길은 없을까. 되살리는 일이다. 환생을 시켜보자.

언뜻 상남 시백의 장난기 어린 창의가 떠오른다. 물기 마른 나뭇가지에 살아있는 듯한 색색의 새들을 잔뜩 붙여놓고 즐거워한다. 작은 가지가 빼곡하게 얽혀있어 어느 정원사가 분재목을 잘도 길러냈구나 감탄했는데, 듣고 보니 시백의 창의로 죽은 분을 환생시킨 게 아니던가. 길가에 버려진 화분의 나무를 뽑아 흙을 털어내고, 한데 엉킨 뿌리를 거꾸로 세우니 앙증맞은 나뭇가지로 다시 태어나서 새들이 모여들었다. 기발한 착상이다.

나는 마르는 잎을 살리려 할 게 아니라 죽은 듯한 저 돌에 생기를 불어넣어보자. 이승의 풍란을 저승의 독수리로 환생시키면 어떨까. 잎이 말라붙거든 한 쌍의 독수리와 보금자리 모형이라도 사다가 저 절벽에 붙여주면, 기구한 팔자의 풍란도 서운하고 억울한 마음의 앙금은 털어버리고 새롭게 태어나는 셈이 되지 않을까 싶다.

돌벽에 달라붙어
힘차던 뿌리들도
떠돌이 이사 통에
역겨워 지쳤든가
초록 잎 시들어가니 내 마음이 타드네.

마른 잎 붙은 자리
둥지를 틀어놓고
환생한 독수리로
난향을 풍기려니
죽은 돌 생기를 찾아 모두 함께 즐기리.

돌도 살고 풍란의 넋도 되살리고, 나도 더불어 즐기는 이 공생의 길이 옳은 방도가 아닐까 궁리를 하며 스스로 마음을 달래본다.

배롱나무 사랑

겨울의 끝자락에 이르면 봄을 기다리는 마음이 성급하게 달뜨기 마련이다. 차례로 피어날 꽃봉들의 미소가 내 가슴을 마구 달구니 이를 어쩌랴.

그 화사한 봄처녀가 아쉽게도 찾아왔나 하면 어느새 자취를 감추니 안타깝기로 그지없다. 봄을 마음껏 즐기기도 전에 지구가 더워진다며 여름이 성큼 다가선다. 불순한 날씨에 주춤거리던 꽃들도 이렇듯 갑자기 더워지면 순서도 없이 함께 꽃잎을 펼치고 마는가 보다.

짧은 봄이 아쉽지만 한편으로는 배롱나무 꽃을 빨리 보게 되는 셈이니 자연 기다림으로 나날을 보낸다. 더위가 극성을 부려 모두가 지칠 무렵 붉게 꽃떨기를 다는 배롱나무야말로 꽃나무 중에 으뜸인 성싶다. 그 기다림과 설렘을 글로 적어 보기도 하고, 노래하기도 했다.

나의 배롱나무 사랑은 어려서부터 시작된다. 고향의 신륵사로 놀러 가면 그 나무를 이름조차 모르면서 무턱대고 좋아했으니 철부지의 풋사랑이라 할지. 그때는 꽃이 예뻐 반한 것은 아니다. 둥치가 매끄러워 오르내리기 좋았고, 높지 않은 곳에 가지가 여럿 벌어져서 올라앉아 놀기가 편했기 때문이다.

철이 들면서 내 사랑은 깊고 뜨거워진다. 굳이 기어오르지 않고 떨어져 바라만 보아도 왠지 마음이 편하고 머리가 숙여진다. 그렇다고 배롱나무는 잘났다고 하늘 높이 치솟지도 않는다. 낮은 자세로 '굽은 가지가 많이 뻗어서 수형이 가부좌를 튼 것 같기도 하고, 자라면서 시커먼 껍질을 조금씩 벗어 제치며 매끄러운 살결을 드러내 보이니 수도승의 수행' 같아 뵈는 것이 좋아서이다.

목백일홍이라고 한 번 핀 꽃이 백일을 가는 것은 아니다. 화무십일홍이라 하지 않던가. 먼저 핀 꽃은 열흘이 못가서 지겠지만 계속해서 새로운 꽃망울을 터뜨리니 백일을 피어 있는 상태인 셈이다.

속세를 저버리고 구도의 길에 들어섰다지만 젊은 나이에

끓어오르는 열정이사 어찌하겠는가. 솟아나면 지우고 또 지우며 기나긴 세월을 수행할 것이니, 염천에 더위가 다 가도록 꽃을 피워가며 열정을 불태우는 이 나무야말로 수도승과 더불어 수행에 정진하는 거룩한 수도목이 아니더냐. 속된 생각에 애처롭기는 하지만 절로 머리가 숙여진다.

-「배롱나무 꽃길」 중에서

배롱나무는 홀로 서 있을 때보다 특히 무리지어 있어야 그 꽃이 사뭇 황홀하다. 배롱나무 꽃길에 나보다 더 홀린 상남 시백을 따라 뜨거운 여름이면 남녘으로 나들이에 나선다. 울진의 덕구리 고개를 넘으면 배롱나무들이 수십 리 긴 줄을 지어 도열한 꽃대궐을 만난다. '야트막한 키에 우산살 같이 가지를 뻗어 붉은 꽃떨기를 잔뜩 달고, 스치는 바람결에 간질이지 않아도 바르르 떤다. 온 천지를 붉게 물들일 듯 타오르는 지심(地心)의 불길'을 나는 달린다.

백두옹(白頭翁)과 벗하며

꽃을 보고 아름답다 느끼지 않을 사람이 어디 있을까마는 보는 이의 처지와 때에 따라 그 감상은 다르기 마련이다. 젊은 날에는 목련, 작약이나 장미같이 탐스럽고 화사한 꽃을 좋아했다. 그런데 세월이 가면서 별로 관심조차 없던 꽃들에 눈이 가게 되었다. 돌보는 이가 없어도 밭두렁이나 길가로 나앉아 홀로 피는 들꽃에 왠지 마음이 쏠리기 시작했다.

눈얼음에 가랑잎을 헤집고 꽃망울을 터트려 황금빛으로 숲 속을 환하게 밝히는 복수초, 풀숲이 채 푸르기도 전에 돌담의 틈바구니에 피어난 앙증스런 개불알의 남색 꽃잎을 대하는 순간 내 가슴은 터질듯 부푼다. 봄의 서기와 생명의 신비를 온몸으로 느끼면 난 쉬 달뜬다. 그러나 봄을 재촉하는 들꽃의 여왕으로는 할미꽃이 제격이다.

할미꽃은 양지 바른 언덕배기나 무덤가에서 흔히 볼 수 있다. 땅이 녹자마자 엉킨 풀뿌리를 비집고 솟구친다. 어떻게든 추위를 견뎌내려는 듯 온몸을 연한 털로 감싸고, 노랑 속살을 검붉은 치마로 가린 듯, 엄마의 따슨 사랑과 끓는 열정이 전해온다. 꽃은 항상 땅을 굽어보며 젊어서도 늙어서도 꼬부랑이니 지극한 겸손의 미덕이 아닌지. 시부모를 모시고 지아비에 순종하며 어려운 살림을 꾸려갔던 우리 어머니의 강인한 모습을 보는 것 같아 가슴마저 아려온다.

어찌 겸손뿐이랴. 수분을 하고 꽃잎이 떨어지면 숙였던 머리를 꼿꼿이 세우고 하늘을 향해 높이 솟구친다. 길게 늘어진 흰 술이 할아버지의 흰머리 같아서 할미꽃을 백두옹이라 불렀다. 갑자기 건방져진 것이 아니다. 마지막 체력까지 다 써서 씨를 조금이라도 멀리 바람에 날리려는 지혜요 처절한 몸부림이 아니겠는가. 머리가 희어질수록 나약해지기만 하는 내 모습이 부끄럽기만 하다.

그렇게도 흔하던 꽃이 수난을 당한다. 뿌리의 약효가 알려지자 호리꾼들이 마구 캐어가니 어찌 견디랴. 할미꽃은 유독식물이나 그 독성은 살균뿐만 아니라 해열, 소염, 수렴의 효

능도 있어서 이질 설사, 신경통, 임파선염 등 여러 질병에 고루 좋다고 한다. 암 치료에도 사용한다니 남아날 수가 없지 않은가.

시골 밭머리에서 다소곳이 핀 할미꽃을 만났다. 반갑다. 그 언저리를 나만의 그린벨트로 선포하고, 잘 가꾸어 벗 삼아 살고 싶다.

시심(詩心)을 일구며

땅 위에는 끊임없이 바람 일고 물 흘러 모든 생명들이 숨쉬고 변화를 거듭한다. 그런 소용돌이 속에서도 어김없이 조화롭게 제자리를 찾게 하는 순리가 있으니, 이 얼마나 신비롭고 아름다운 현상인가. 그 오묘한 우주의 섭리와 자연의 아름다움을 옮겨볼 말을 찾아 나는 밤낮 피를 말린다.

그러나 아름다운 시어를 찾아 제자리에 앉히려면 자연을 있는 대로 꿰뚫어 보고 받아들일 수 있는 내 마음부터 잘 일궈야 하리라.

돌덩이와 가시덤불이 들어찬 황무지를 시상이 자랄 수 있는 비옥한 땅으로 가꾸는 일이다. 탐욕과 증오를 추려내지 않고는 맑고 고요한 시심의 샘터는 될 수가 없다. 이 일은 결코 남이 도와줄 수 없는 것으로 나 자신의 몫이니 어찌하랴.

글줄 몇 마디를 다듬는다 하여 아름다워질 일은 아니지만. 머리로 쓰지 않고 마음으로 읊어낸 노래를 남기고 싶다는 내 생각 때문에 오늘도 마음을 비워내려고 몸부림친다.

어느 문우는 수필 쓰기에만 전념하라는 주문도 한다. 신통치 않은 습작시집일랑 돌리지 말란다. 잘 닦여진 길을 힘껏 달려보지도 않고 무슨 곁눈질이냐는 뜻이겠지만.

하기야 앞만 바라보고 승부사의 고집으로 질주하는 경주마처럼 외길을 달리기만 한다면 빠를 수도 있겠다. 그렇지만 그렇게 하여 우승을 한들 혼신의 질주가 곧 내 삶의 즐거움과 행복으로 이어진다는 법은 없을 터이다. 초원을 마음대로 달리고, 산길도 때로는 물가도 찾아 여유롭게 쉴 수 있는 야생마의 처지가 되레 바람직하지 않을까.

상상으로 그려보는 풀밭도, 마음으로 읊어보는 산골짝도, 모두가 아름다운 산야의 풍광이거니 어찌 갈라놓고 다르다 할 수 있을까보냐. 어차피 발자취만 되돌아볼 수 있는 인생이라면, 오늘을 충실하게 살면서 천천히 느린 대로 이 구석 저 구석 고루 둘러보면 어떻겠는가.

잘 가꾸어 놓은 꽃밭도, 멋대로 널브러진 들꽃도, 또 절로 우거진 풀숲도 한결같이 모두가 아름답다. 그러니 푸근하고 정겹지 않겠는가.

어설픈 실험

"당장 전자레인지를 내다버려."

작년 가을인가 어느 친구가 보내준 '이메일'의 내용이다. 찬 음식도 버튼 한 번 누르면 몇 십초 안에 따끈따끈하게 데워주니 참으로 신기하고 편리한 주방기기다. 그 주방의 총아를 당장 폐기하라면 어느 주부나 팔을 걷어붙이고 데모라도 할 성싶다. 그러나 전자파를 통해서 영양소의 파괴뿐만 아니라 악성질병까지도 유발하게 된다니 건강하게 살려거든 사용하지 말라는 충고다. 듣고 보니 충격적이다. 주방문화의 혁명이 아닌가. 궁금하고 불안하다.

믿기지 않아 설마 하는 사람은 실험을 해보란다. 전자레인지로 끓인 물을 일주일만 주면 화초가 죽는다는 것이 아닌가. 하루나 한 끼가 시급한 일이니 당장 실험에 들어갔다.

양재동 꽃시장으로 달려가서 실험대상을 골랐다. 하얀 플라스틱 화분에 심겨 십여 센티 자랐는데도 윤기가 흐르는 잔잎이 그득한 놈이다. 여기저기 잔가지 끝에 피워 낸 흰 꽃에서는 향기도 제법 풍긴다. 일 년 내내 피고 진다는 '오렌지자스민' 두 개를 사들고 의기양양 돌아왔다.

하나는 '생수', 다른 하나는 '끓인 물'이라고 화분에 써놓았다. 매일 한 번씩 같은 시각에 생수분에는 냉수를, 다른 분에는 끓인 물을 식혀서 한 컵씩을 주었다. 그런데 일주일이 지나 열흘을 계속해도 아무런 변화가 없이 둘 다 싱싱하지 않은가.

실험결과는 실패니 서운하기도 하고 속았다는 배신감마저 느끼지만, 그래도 화분 하나를 더 살린 셈이니 오히려 다행스럽기까지 하다. 레인지를 마음 놓고 써도 좋으니 기분이 홀가분하기도 하고.

과학도라도 된 양 착수한 내 경망스러운 실험은 '그럼 그렇지' 하는 결론을 내리고 망각 속에 해를 넘겼다. 며칠 전 나란히 놓인 두 개의 분에 우연히 시선이 갔다. 그런데 이상한 생각이 문득 들었다. 같은 환경인데 하나는 빨간 열매가 여러 개 달렸는데, 다른 하나는 한두 개 뿐이고 헛꽃으로 떨어진 흔적만 남아있으니. 공교롭게도 그 부실한 화분에는 '끓인 물'이라고 쓰여 있지 않은가. 걱정이 생긴 셈이다. 실험은 이제부터 다시 시작해야 하겠으니 말이다.

한 번 끓여서 식힌 물과 냉수의 성분 차이가 있을까? 그 정확한 분석을 나는 할 수가 없다. 상식으로는 같을 것 같다. 그렇다면 물리외적인 요인일 터. 화초도 주인의 마음을 알 수 있을까. 사랑과 정성을 느끼는 것일까.

함께 팔려 와서 한 놈은 죽어도 좋다고 끓인 물을 먹였으니 얼마나 분할까. 그 원한으로 열매를 맺지 못한다면 늦었지만 진심으로 사과를 하고 '위령비'라도 꽂아줘야겠다.

내 것 네 것 할 것 없이
목숨이란 귀한 데
말 못하는 꽃나무라
죽어도 좋다 할까

나 혼자 잘 살겠다고 모진 생각 하다니.

부질없는 노릇에
어설픈 짓 저질러서
고운 꽃 떨어지며
열매마저 사라졌나

그 원한 씻어버리고 생기나 찾아주자.

문명을 누린다며
자연을 들볶다니
빠르고 편리함이
느긋함만 못한 것을

하늘의 순리를 따라 다 함께 살아야지.

화초와의 대화가 되지 않으니 두 번째 실험은 도리 없이 두 가지 방법 중 하나를 고를 수밖에 없겠다. 공평하게 하자면 생수분에도 열흘간만 끓인 물을 먹여보는 것이다. 아니면 부실한 놈에게만 보약을 먹인다? 공평만을 강조하다보면 실험이 성공한들 더불어 부실해지는 하향평준화가 아닌가. 그보다는 불공평하고 부정확하더라도 부실한 놈에게 영양제라도 꽂아주어 튼실하게 자랄 수 있게 한다면 모두가 함께 잘사는 상향평준화의 길이 아닐까.

아마도 말 못하는 저 어린 나무가 왜 저놈만 약을 주느냐고 촛불시위를 하거나 아우성치지는 못할 터. 우선은 부실한 놈만 북돋워 보기로 한다. 그래서 어설픈 실험일랑 그만 끝내고 싶다.

우정의 나무 2대

몇 해 전에 송천(松泉) 서백(書伯)의 집을 찾아 나섰다. 문득 생각이 나서 가긴 했으나 따져보니 몇 십 년 만의 방문이 아니던가. 가슴마저 두근거린다. 송천을 보고 싶어서라기보다 아직도 그 나무가 살았으면 어찌 자랐을까 하는 궁금증 때문이다.

대문을 들어서며 모과나무부터 살폈다. 순간 깜짝 놀랐다. 둥치 둘레가 여러 뼘도 더 되는 거목으로 성장해 있으니 말이다.

송천은 삼십 대에 처음으로 집을 샀다. 북한산과 도봉산의 봉우리들이 한눈에 들어오는 수유리 언덕배기의 자그만 집이었다. 장차 앞집까지 사서 털어내고 새로 넓게 지어 이층에 서실을 마련하겠다는 꿈에 부풀어 있었다. 거품같이 일어나라고 가루비누라도 사들고 갈까 하다가 나무를 심어 주기로 했다. 겨우 엄지 굵기의 모과나무 한 그루를 사들고 가서 마당 한 귀퉁이에 함께 심던 일이 어제 일만 같다.

젊은 날의 그 꿈대로 앞집을 샀고 넓직한 정원을 갖춘 훌륭한 저택이 되어 있었다. 도심 속의 전원생활을 즐기고 있으니 부럽기 그지없다. 신축을 하면서 도리 없이 모과나무는 이리 저리 옮겨 다니는 수난을 겪기도 했는데, 어렵게 살려냈다는 사정도 들었다. 힘든 고비를 넘기며 우람하게 자란 그 둥치를 어루만지려니 감회가 새롭다. 우리들의 반세기 우정사를 증언하는 '우정의 나무'다.

송천은 내가 좋아하는 친구이자 존경하는 서예 스승이다. 오래전에 그의 개인전에서 '松巖飛瀑(송암비폭)'이라 쓰인 작품 한 점을 들여왔다. 그날부터 바위 위에 노송이 박히고 절벽에서 떨어지는 폭포의 물거품이 솟구치는 풍광을 늘 가슴 속에 품고 살아왔다.

그렇게 세월 따라 가슴 깊이 삭여진 송암 두 글자가 금년 봄에 청마를 타고 화려하게 송암정(松巖亭)으로 환생한 꼴이 됐다. 누가 내 노을녘의 전원생활을 처사(處士)라 평할까마는,

실은 늦깎이 문인으로 글을 쓰기 시작할 때부터 오늘의 꿈은 싹트기 시작했다.

마침 장남이 결심을 굳힘에 따라 고향의 산을 밭으로 개발하여 표고버섯농장을 마련하는 대역사를 시작했다. 그러니 2013년은 우리 부자에게는 귀농의 원년이 되는 셈이다.

산자락에 가득 들어선 상수리나무들을 베어내니 따가운 뙤약볕을 피해 잠시나마 쉴 수 있는 한두 평의 그늘마저도 사라졌다. 화장실보다도 더 시급한 것이 그늘막이니, 목수와 계약부터 체결했다.

누군가 정자는 허가사항이 아니니 신고만 하면 마음대로 지을 수 있다고 귀띔을 해준다. 법을 가르쳐 온 노교수답게 준법의 모범을 보이자고 신고부터 하러 갔다. 그러나 창구의 담당공무원과 입씨름만 하다 돌아왔다. 정자는 대지에만 지을 수 있고 신고만 하면 되나, 밭에는 신고도 필요 없지만 원두막만 지을 수 있다지 않는가. 명품 정자의 꿈이 박살이 나는 순간이다. 그렇다면 밭에다 정자를 지어달라고 준 계약금은 어찌한담.

정자와 원두막이 어떻게 다르냐고 물으니 그 답은 알쏭달쏭하다. 요지인즉, 원두막은 참외밭머리에 네 기둥을 박고 짚으로 지붕을 한 비바람의 간이 가리개요, 정자는 대지 위에

기와를 올리고 제대로 지은 쉼터라고 한다. 현실을 무시한 규제의 논리가 이렇다지 않는가.

요새 짚을 엮어 지붕을 덮을 줄 아는 사람이 몇이나 있으며, 매년 그 짓을 거듭하는 것이 얼마나 비경제적인가. 어디 그뿐이랴. 짓는 사람의 취향과 재력에 따라 천차만별이 될 터인데 어떻게 구별한단 말인가. 그러니 대지에 지으면 정자요 밭에 지으면 원두막이란 논리라면 알기 쉽고, 어느 것이든 견고하게 잘 지으면 좋지 않겠는가.

몇 달을 궁리한 끝에 명품 원두막을 짓기로 작정했다. 경상도의 봉화 닭실마을 권씨댁 청암정(靑巖亭) 같은 정자는 흉내도 못낼망정 여내울의 볼거리로 꼽혀 그저 이웃사람들의 시원한 쉼터로 오래 남았으면 한다. 나 혼자 몇 해 이용하자는 것이 아니라 내심 다음 세대에 물려줄 문화재감을 남겼으면 하는 욕심이다.

송천이 선뜻 '松巖亭(송암정)' 석 자를 써주었고, 경우(景愚) 목수가 정성을 쏟아 마루판을 짜맞췄다. 음양각의 현판은 인사동 '한국서각사'에 특별히 주문제작을 했으니 흔치 않은 원두막이 된 셈이다.

흔쾌히 뜻을 모은 분들의 고마움을 전하고자 시조 한 수도 걸어두기로 했다.

송천(松泉) · 해암(海巖) 뜻 모으고
경우(景愚) 목수 힘 붙여

갑오년 큰 추위에
현판까지 매어다니

이웃도 함께 즐겨서
더한 정을 나누네.

이 역사적인 일들을 기리기 위해 마주 보이는 언덕에 또 한 그루의 모과나무 심기도 잊지 않는다. '우정의 나무 2대'다.

잔디를 때려주며

대학에 간다고 고향을 떠난 지도 수십 년, 늙마에 고향에다 전원주택을 짓고 싶다는 생각을 했다. 큼직한 자연석으로 축대를 쌓아 꽃으로 단장을 하고, 뜰엔 잔디를 깔고 싶었다.

올봄에 산을 밭으로 일부 개간했다. 농지에 집을 짓기는 쉽지 않아 포기했다. 바위 축대와 잔디의 요건만이라도 갖추게 되면 반쯤은 소원을 이룬 셈이다. 삼단으로 조성된 언덕 한 곳만이라도 돌을 쌓고, 위쪽 경사지엔 잔디를 심어 그것으로 만족하련다.

들판에 깔려있는 금잔디는 꽃보다 아름답다. 지난겨울을 녹이며 모습을 드러낸 잔디는 봄의 전령인 듯 정겹다. 메

마른 땅, 짓밟히는 길가에서도 잘 살아가는 강인함이 더더욱 좋다. 잘난 체 위로 솟구치지도 않고 바닥으로 뻗어가며 흙을 보듬는 그 겸허한 성품이 또 얼마나 미덥고 사랑스러운지.

우리 강산은 해방 후 어디고 헐벗겼다. 솔잎도 모자라 개울가 마른 잔디를 긁다 못해 뿌리까지 뽑아다 땠다. 칠십년도 지나지 않아 엄연한 저 역사적 사실마저도 아니라고 잡아떼는 파렴치도 있건만, 뿌리까지 긁어 몹쓸 짓을 하던 내 어렸을 적 생각은 점점 생생해진다. 마음이 여린 탓일까. 이번엔 풀꽃 대신 잔디를 심는다. 잔디에 대한 미안의 내 기억이 사라졌으면 좋으련만.

잠깐 자리를 비운 사이에 일꾼들이 잔디를 모두 심어버렸다. 호미로 판 자리에 찢긴 뿌리를 늘어놓고 흙을 살짝 덮었다. 밟으니 푹푹 꺼지지 않는가. 비가 오면 살기야 하겠지만 뿌리가 내리기엔 더디기 마련이다.

삽을 들어 뒷면으로 펑펑 내려 쳐준다. 돋아나는 새싹들의 머리 위에 곤장을 치는 꼴이다. 그래야 튼실하게 활착할 터이니. 사랑의 매도 참지 못하고 부모까지 나서서 스승을 고발하는 오늘의 세태가 문뜩 떠올라 쓴웃음을 짓는다.

맞을 땐 아프다만 살이 되는 저 사랑 매
긁어다 불 땐 젖값 두드려 갚으려니
뿌리도 쉽게 내려서 뻗어가리 끝없이.

잡 초

날이 갈수록 시골의 흙냄새가 구수해진다. 자연의 아름다움이 마음에 다가온다. 풀 한 포기 벌레 한 마리를 만나더라도 그 생명을 아껴 보살펴주고 싶다. 말로만 자연 사랑이 아니라 몸으로 실천해야 내 마음도 즐거워진다.

언젠가 천리포수목원을 찾은 적이 있다. 이국땅에 와서 돌산에 정열을 쏟아 명품을 남긴 거인 민병갈 씨의 자연사랑에 얼마나 놀랐던가. 넝쿨이 타고 올라 나무를 말려 죽이는 데도 적자생존의 자연 생태를 그대로 두게 했다는 해설사의 말에 머리를 끄덕이기도 했다.

나도 물려받은 야산이나마 잘 가꿔보자고 작심한 지도 몇 해, 드디어 귀향 원년을 선언하고 우리 부자는 팔을 걷어붙였다. 벌목을 한 자리에 여러 가지 나무를 심었다. 비닐하우스를 짓는다고 단층을 이룬 터도 닦는다. 서부의 개척자라도 된 양 시골을 오르내리며 몇 달을 들판에서 보내자니 온몸이 새까맣게 탄다. 아프리카 오지를 다녀왔다고 하며 웃어넘기기도 한다.

묘목을 심은 지 며칠 안 되어 순이 돋는다. 하루가 다르게 연한 잎이 자라니 신기하기도 하다. 지금까지 당연한 현상으로 치부했던 것이 색다른 기쁨으로 가슴이 부푼다. 그 기쁨은 내가 기울인 관심과 흘린 땀에 정비례하나 보다.

봄꽃을 마음껏 즐기기도 전에 신록이 짙어지는데, 호사다마라 했던가. 낭만적인 전원의 꿈이 이렇게도 쉽게 깨어질 줄이야. 흙을 비집고 머리를 내미는 새싹들이 예쁘기도 했건만 자고 나면 거세지는 그 위세라니, 밉다 못해 무서울 지경이다. 여기는 네가 설 자리가 아니라고 뽑아낸다. 쉽게 뽑히던 놈도 며칠만 더 지나면 뿌리가 엉겨 저항이 대단하다. 이 땅은 본래 내 삶터라고 사수하려는 듯 억세게 버틴다.

맨손으로 뽑다 못해 낫으로 베어보지만 어느새 다시 엉긴다. 자라야 할 묘목보다 몇 배나 빨리 솟아올라 하늘을 뒤덮으니 어쩌랴. 몰려오는 중공군의 육탄전에 재래식 화력으로는 감당할 길이 없어 후퇴를 했던 6. 25의 전투 장면을 떠올린다. 나야말로 잔인하게 폭탄이라도 써야 할까. 친환경유기농업을 계획한 터에 한 해도 못 버티고 제초제에 의존한다면 자존심이 상한다. 잡초와의 전쟁은 날씨가 더워지자 더욱 힘들어진다. 결국 일방적 휴전을 선언하고 손을 들었다. 작전상 후퇴를 하고 전략을 새로 짜보자. 내년 봄의 결전을 다짐하며.

하늘을 가렸던 큰 나무가 사라지니 낙엽 밑에 숨겨져 있던 온갖 잡초가 제 세상 만났다고 솟아 나온다. 그중에도 가장 미운 놈은 가시가 돋아 있은 환상덩굴이다. 뿌리를 찾을 수도 없고 접근하기도 어려우니 제거할 방법이 없다. 거기다 묘목과 선의의 경쟁을 하는 것이 아니라 새순을 휘감아 질식을 시키니 그 품성과 소행이 악질이다.

들풀의 속성으로 말한다면 천사표 착한 놈도 많이 있긴 하다. 산삼을 비롯해서 몸에 좋은 약초나 산나물은 귀하신 몸으로 대접을 받으니 말할 것도 없다. 흔해빠진 토종 잡풀 중에서도 추앙받을 왕자 자리는 잔디와 바랭이의 몫이리라. 그 품성이 겸손하고 강인하다보니 오가는 발걸음에 짓밟히던 잔디가 이제는 돈을 주고 사지 않으면 구할 수 없는 금잔디가 되고 말았다.

바랭이는 한해살이 풀이지만 이듬해의 재생에 걱정이 없다. 이삭으로 된 꽃을 피워 벼알보다 많은 씨를 뿌려놓으니 날씨만 풀리면 어디서든 솟아난다. 산야에 수북수북 자라면 꼴풀 베는 목동의 환영을 받지만, 과수원에도 어김없이 솟아나 내 속을 태운다. 미풍에도 휘날리는 가녀린 몸매지만 며칠만 지나면 수없이 많은 가지를 뻗어 숲을 이루고 만다. 새 가지의 마디마디가 흙에 달라붙어 뿌리를 내리면 하나하나가 끊길지언정 전체가 뽑히지는 않는다. 증오와 저주를 하면서도 나는 그 기세에 눌려 백기를 들고 말았다.

그 미운 바랭이가 때로는 착한 구세군으로 둔갑을 하니 역시 들풀 중 으뜸임에 틀림이 없다. 산을 깎아내린 법면에는 풀씨를 뿌려야 한다. 적기라고 해서 뿌렸지만 장대비가 쏟아지고 나니 대부분이 씻겨 내렸다. 허탈한 심정이다. 그나마 흙에 뿌리를 내리고 파릇파릇 싹을 내민 가냘픈 외래종 풀들은 삼복의 염천이 계속되자 노랗게 타죽고 말았으니 이를 어쩌랴.

법면(法面)에 덧씌운 보호망만 앙상하여 바라보기조차 싫었는데 어느 날인가 눈이 번쩍 뜨이지 않는가. 망사 사이로 군데군데 풀잎이 나부낀다. 경사면을 따라 납작 붙어서 사방으로 뻗어가는 바랭이다. 이놈이 조금만 더 골고루 퍼져 자리를 잡아준다면 토사가 씻겨 내릴 걱정은 안 해도 될 듯싶다. 이렇게도 고마울 수가 있을까.

바랭이는 달라진 게 없다. 그 속성대로 뿌리를 내리며 씨를 퍼뜨릴 뿐이다. 변한 것은 내 마음이 아닌가. 욕심이다. 내 필요에 따라 미운 오리새끼가 한 순간에 우아한 백조로 환생한 꼴이 되었다. 잡초도 자연의 생태계를 이루며 나름대로 주어진 몫을 다하고 있다. 이익을 쫓느라 모진 학대와 가해를 하는 쪽은 사람이 아닌가.